○まる ば×つ

だけで

8割ねらえる中学英語

Gakken

もくじ 目次

中1

Q.2 次の英語にはまちがいがある。He is going to plays baseball next Sunday.
（彼は今度の日曜日に野球をする予定です。） 73

Q.3 （　　　　）に入る英語は Do である。「来週あなたは京都を訪れる
予定ですか。」（　　　　） you going to visit Kyoto next week? 75

Q.4 次の英語にはまちがいがある。You must are here.
（あなたたちはここにいなければなりません。） 77

Q.5 ⓑ のほうが正しい。「今日はケンと彼の弟が夕食を作らなければ
なりません。」 ⓐ Ken and his brother have to make dinner today.
ⓑ Ken and his brother has to make dinner today. 79

Q.6 「急がなくてもいいよ。」は ⓑ のほうである。
ⓐ You must not hurry. ⓑ You don't have to hurry. 81

Q.7 次の英語は正しい。
I like play video games.（私はテレビゲームをするのが好きです。） 83

Q.8 ⓐ のほうが正しい。「日本にはするべきおもしろいことがたくさんあります。」
ⓐ There are a lot of interesting things to do in Japan.
ⓑ There are a lot of to do interesting things in Japan. 85

Q.9 次の英語はどちらも正しい。「その試験に受かるために、私は一生懸命勉強しました。」
ⓐ To pass the exam, I studied hard. ⓑ I studied hard to pass the exam. 87

Q.10 初対面のあいさつとして正しいのは ⓑ のほうである。「お会いできて
うれしいです。」 ⓐ I'm glad meet you. ⓑ I'm glad to meet you. 89

Q.11 （　　　　）に入る英語は how である。「私は箸の使い方を習いたい。」
I want to learn （　　　　） to use chopsticks. 91

Q.12 「きのう私はバスケットボールをして楽しみました。」は ⓑ のほうである。
ⓐ I enjoyed playing basketball yesterday.
ⓑ I enjoyed to play basketball yesterday. 93

Q.13 次の英語はどちらも正しい。「私は、彼はよいサッカー選手だと思います。」
ⓐ I think he is a good soccer player.
ⓑ I think that he is a good soccer player. 95

Q.14 次の英語は正しい。
It was raining when I leave home.（私が家を出たとき、雨が降っていました。） 97

Q.15 ⓑ のほうが正しい。
「ユカはあまりにも疲れていたので、きのう買い物に出かけませんでした。」
ⓐ Because Yuka didn't go shopping yesterday, she was too tired.
ⓑ Yuka didn't go shopping yesterday because she was too tired. 99

中3

Q.1 （   ）には @ が入る。「私はこの映画を3回見たことがあります。」
I've （   ） this movie three times. @ watch ⓑ watched   **141**

Q.2 （   ）には ⓑ が入る。「彼女は富士山に登ったことが一度もありません。」
She （   ） climbed Mt. Fuji. @ has never ⓑ has ever   **143**

Q.3 （   ）に入る英語は Did である。「あなたは今までにオーストラリアに
行ったことがありますか。」（   ） you ever been to Australia?   **145**

Q.4 次の英語は正しい。 I've seen her yesterday. (私はきのう彼女に会いました。) **147**

Q.5 電車がもうすでに駅に到着しているのは @ のほうである。 @ The train has
arrived at the station. ⓑ The train is arriving at the station.   **149**

Q.6 次の英語は正しい。 Emi and I know each other for many years.
(エミと私は長年の知り合いです。)   **151**

Q.7 （   ）には ⓑ が入る。「私はここで妹を30分待っています。」 I've been
（   ） here for my sister for 30 minutes. @ waited ⓑ waiting   **153**

Q.8 次の英語にはまちがいがある。 I am interesting to study Japanese history.
(私は日本史を勉強するのがおもしろい。)   **155**

Q.9 「母は私に宿題をするように言いました。」は @ のほうである。 @ My mother
told me do my homework. ⓑ My mother told me to do my homework.   **157**

Q.10 次の英語は正しい。 Satoshi helped me clean the room.
(サトシは私が部屋を掃除するのを手伝ってくれました。)   **159**

Q.11 「箱の中の本は全部私のです。」は ⓑ のほうである。
@ In the box books are all mine. ⓑ The books in the box are all mine.   **161**

Q.12 ⓑ のほうが正しい。「向こうで走っている男の子は私の弟です。」
@ The boy running over there is my brother.
ⓑ The running over there boy is my brother.   **163**

Q.13 次の英語にはまちがいがある。 These are pictures painting by my
grandmother. (これらは私の祖母がかいた絵です。)   **165**

この本の 特長と 使い方

「教わった内容はだいたい理解しているのに、ケアレスミスで思っていたよりもテストの点が上がらない。」そんな声をよく聞きます。そこで、先輩もまちがえた「よくあるまちがい」をクイズで楽しく攻略できる本をつくりました。英語を得意教科にしたい「あと少しの人」はもちろん、これから英語に取り組む人にもぴったりの一冊です。

案内役
3人の
ネイティブ

英語教育に情熱を燃やす3人。厳しさのなかに優しさも兼ね備えている。

オモテ面
各文法項目でまちがえやすい問題を集めました。

問題に関連して、押さえておきたい重要事項を解説しています。

ウラ面
オモテ面の問題の答えと解説です。

確認テスト 各学年2回ずつあります。実力がついたかどうか確かめましょう。

もっと○× 各学年が終わったら、こちらにチャレンジ。

まるばつだけで8割ねらえる中学英語

中1

まる　ばつ

英単語のまちがえやすいつづり **7**

せっかく覚えていて、つづりをまちがえると減点や不正解となってしまう。ここでつづりをまちがえやすい単語を押さえておこう。

✗ Wensday ⟶ ○ We**d**ne**s**day

「水曜日」。発音は[**ウェ**ンズデイ]。

✗ Feburary ⟶ ○ Feb**ru**ary

「2月」。発音は[**フェ**ビュエリ]。

✗ Septenber ⟶ ○ Septe**m**ber

「9月」。発音は[セプ**テ**ンバァ]。

✗ Nobenber ⟶ ○ No**v**e**m**ber

「11月」。発音は[ノウ**ヴェ**ンバァ]。

✗ Disenber ⟶ ○ De**cem**ber

「12月」。発音は[ディ**セ**ンバァ]。

✗ fourty ⟶ ○ forty

「40」。「4」はfour、「14」はfourteen、「4番目」はfourth、「14番目」はfourteenth、「40番目」はfortieth。

✗ fiveth ⟶ ○ fift**h**

「5番目」。発音は[**フィ**フス]。次の序数にも気をつけよう：ninth(9番目)、twelfth(12番目)、twentieth(20番目)。

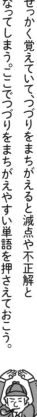

重要度 | | | | まちがえやすさ | | | |

Q.1

（　　　　）に入る英語は
am である。

「ハルトと私は仲よしです。」
Haruto and I（　　　）good friends.

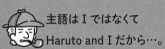
主語は I ではなくて
Haruto and I だから…。

〇か✕か。

A.1

amではなくて、areが入る。

💡 主語が I なら am、複数なら are。

be動詞の使い分け

「(主語)は～です。」は、〈主語+am/is/are ～.〉で表す。このときam/is/areは主語によって使い分ける。このam/is/areをbe動詞という。

例 **I** am Haruto. (私はハルトです。)
Ken is a student. (ケンは学生です。)
He is thirteen. (彼は13歳です。)
You are cool. (あなたはかっこいい。)
Aya and I are in Class A. (アヤと私はA組です。)
This is Mr. Smith. (こちらはスミス先生です。)
That is a temple. (あれは寺院です。)

be動詞のうしろにくることば

be動詞のうしろには、名詞(Haruto/a studentなど)、形容詞(thirteen/coolなど)、場所などを表す語句のまとまり(in Class Aなど)がくる。

主語が複数の場合はareを使うが、うしろに名詞がつづくときは、名詞も複数形(→p.26)にする。

例 Ken and I are **students**. (ケンと私は学生です。)

主語とbe動詞

主語	be動詞
I	am
he/sheなど (I/you以外の単数)	is
you/複数	are

> be動詞は、主語とうしろにつづくことばを「=(イコール)」でつなぐはたらきをする。

● be動詞のうしろに、場所を表す語句のまとまりがくる場合、「(主語)は～にいます[あります]。」の意味になることが多い。
My father is **in New York.**
(私の父はニューヨークにいます。)

● 名詞の複数形は、ふつう単数形の語尾に-sをつける。また、複数形の前にはa/an(1つの)はつけない。
・a student → students
・an egg → eggs

POINT
I ⟶ **am**   you/複数 ⟶ **are**   he, sheなど ⟶ **is**

重要度 | | | | まちがえやすさ | | |

Q.2

次の英語は正しい。

I not good at math.
（私は数学が得意ではありません。）

○か×か。

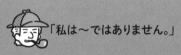

「私は〜ではありません。」

A.2

I notではなくて、
I am[I'm] not。

💡 be動詞のうしろにnotを置く。

🎩be動詞の否定文

「(主語)は〜ではありません[〜にいません]。」という否定文は、be動詞のうしろにnotを置いて、〈主語+am/is/are+not 〜.〉で表す。

例 I **am** not Aya. (私はアヤではありません。)
We **are** not hungry. (私たちは空腹ではありません。)

🎩be動詞の否定の短縮形

会話などの話しことばの中では、2つの語をつなげて短くした短縮形がよく使われる。

be動詞の否定文では〈主語+be動詞〉の短縮形を使う形と〈be動詞+not〉の短縮形を使う形の2通りの表し方がある。ただし、I am notの短縮形はI'm notのみであることに注意する。

例 **I'm not** Aya. (私はアヤではありません。)
We're not teachers. (私たちは教師ではありません。)
We aren't teachers. (私たちは教師ではありません。)

●be動詞の否定の短縮形
・I am not
 → **I'm** not
・You are not
 → **You're** not / You **aren't**
・He is not
 → **He's** not / He **isn't**
・She is not
 → **She's** not / She **isn't**
・It is not
 → **It's** not / It **isn't**
・We are not
 → **We're** not / We **aren't**
・They are not
 → **They're** not / They **aren't**

POINT

ふつうの文 Ken is ⟨ ⟩ a student. (ケンは学生です。)
↓ be動詞のうしろにnotを置く
否定文 Ken is not a student. (ケンは学生ではありません。)
=isn't

中1
be動詞の文

重要度　　　　　　　　　　まちがえやすさ

Q.3

（　　　　）には ⓐ が入る。

「あなたは空腹ですか。」
（　　　）you hungry?
ⓐ Are　ⓑ Do

○か×か。

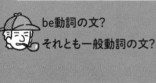

be動詞の文?
それとも一般動詞の文?

A.3

You are hungry. の疑問文。
Are you 〜?でたずねる。

💡 〈be動詞＋主語 〜?〉の形。

🔍be動詞の疑問文

「(主語)は〜ですか[〜にいますか]。」という疑問文は、be動詞を主語の前に置いて、〈Am/Is/Are＋主語 〜?〉で表す。

例 **Am I** in Nishi-machi? (私は西町にいますか。)

🔍be動詞の疑問文への答え方

be動詞の疑問文〈Am/Is/Are＋主語 〜?〉に「はい、そうです。」と答えるときには〈Yes, 主語＋am/is/are.〉、「いいえ、ちがいます。」と答えるときには〈No, 主語＋am/is/are＋not.〉で表す。Noの答えでは、短縮形を使うこともできる。

例 Is **Ken** your brother? (ケンはあなたの弟ですか。)
— Yes, **he is**. (はい、そうです。)
— No, **he is not**. (いいえ、ちがいます。)
　　　　→ he's not / he isn't

Am/Is/Areは主語によって使い分けるよ。

●答えの文では、疑問文の主語を代名詞(→p.28)にいいかえる。
・Ken → he
・Ms. Green → she
・Ken and Aya → they

●疑問文の主語が「私、私たち」のとき、答えの文の主語は「あなた、あなたたち」になることに注意する。
Are **Ken and I** in Class A?
(ケンと私はA組ですか。)
— Yes, **you** are.
(はい、(あなたたちは)そうです。)
— No, **you** are not.
(いいえ、(あなたたちは)ちがいます。)

POINT

ふつうの文 You are from Canada. (あなたはカナダ出身です。)
　　　　　↙ be動詞を主語の前に置く
疑問文 Are **you** from Canada? (あなたはカナダ出身ですか。)

重要度 | | | まちがえやすさ | | |

Q.4

次の英語にはまちがいがある。

I'm like spaghetti.
（私はスパゲッティが好きです。）

○か✕か。

 I'm は I am の短縮形。like は「好きです」
の意味を表す一般動詞だから…。

A.4

I'm likeではなくて、
I like で表す。

💡 1つの文に動詞は2つつづけて置けない。

🔍be動詞と一般動詞

英語の文には、be動詞か一般動詞のどちらか一方を使う。

be動詞のam/is/areは主語とうしろにつづくことばを「=(イコール)」でつないで、「〜です」という意味や「〜にいます[あります]」という意味を表す。

一方、一般動詞は主語の動作や状態を表し、それぞれがことなる意味をもつ。

一般動詞の例

一般動詞	意味
like	〜を好む、〜が好きだ
have	〜を持っている
play	〈スポーツ〉をする、〈楽器〉を演奏する
live	住んでいる
go	行く
make	〜を作る

例 I like math. (私は数学が好きです。)

I live in Tokyo. (私は東京に住んでいます。)

We go to the library by bike.
(私たちは自転車で図書館に行きます。)

I have a dog. (私は犬を飼っています。)

I play the piano. (私はピアノを弾きます。)

> I'm like 〜. という表現は、実はあるんだ。ただし、この場合のlikeは一般動詞ではなく、「〜のような」という意味の前置詞。I'm like 〜.で「私は〜のようだ[に似ている]。」という意味になるよ。

POINT

be動詞の文 I am Emma. (私はエマです。)
I(私) = Emma(エマ)

一般動詞の文 I like Emma. (私はエマが好きです。)
主語I(私)がEmma(エマ)のことを「好きだ」という状態を表している。

重要度　　　　　　　　　　　　　　　　まちがえやすさ

Q.5

（　　　　）には **b** が入る。

「ヒカルには弟がいます。」
Hikaru（　　　）a brother.
a have　　**b** has

〇か✗か。

「〜がいる」はhaveを使う。
主語がHikaruで、現在の文だから…。

A.5

haveの3人称単数現在形は、has。

💡 I/you 以外の単数が3人称単数。

3人称単数現在形（3単現）

be動詞の現在形は主語によって am/is/are の3つの形を使い分けるが、一般動詞の現在形も2つの形を使い分ける。主語が I/you や複数のときは形がかわらないが、3人称単数のときは語尾に-(e)sをつける。この現在形を3人称単数現在形（3単現）という。

★3人称単数 … I, you以外の単数

Ken（ケン）　　my father（私の父）

Ms. Smith（スミス先生）

★3人称単数現在形

… 一般動詞の語尾に-(e)sをつけた形

like — likes　play — plays　go — goes

例 John **like**s science.（ジョンは科学が好きです。）

My mother **go**es shopping on Sundays.

（私の母は毎週日曜日に買い物に行きます。）

He **studi**es Japanese.（彼は日本語を勉強しています。）

3人称単数現在形のつくり方

語尾	つくり方	例
ふつうの語	s をつける	like ↓ likes
o, s, sh, ch, xで終わる語	es をつける	watch ↓ watches
〈子音字+y〉で終わる語	yをiにかえてes をつける	study ↓ studies
have	不規則に変化する	have ↓ has

haveの3人称単数現在形はhasなんだね。

POINT

主語が I	I have a brother.（私には弟がいます。）
主語がyou	You have a brother.（あなたには弟がいます。）
主語が3人称単数	Lisa has a brother.（リサには弟がいます。）

┗→ 3人称単数現在形

重要度 ▮▮▮□□ まちがえやすさ ▮▮▮▮▮

Q.6

（　　　　）に入る英語は
Are である。

「あなたは何かペットを飼っていますか。」
（　　　　）you have any pets?

○か✕か。

一般動詞（have）の疑問文だから…。

A.6

Are ではなくて、Do を文のはじめに置く。

💡 〈Do+主語+一般動詞の原形 ～?〉の形。

🕵 一般動詞の疑問文

一般動詞の疑問文は、文のはじめにDoを置いて、〈Do+主語+一般動詞の原形 ～?〉で表す。ただし、主語が3人称単数の場合は、〈Does+主語+一般動詞の原形 ～?〉で表す。

> 一般動詞の原形とは、-(e)sのつかないもとの形のことだよ。

例
Do you **like** Jane? (あなたはジェーンが好きですか。)
Does she **live** in Japan? (彼女は日本に住んでいますか。)

🕵 一般動詞の疑問文への答え方

一般動詞の疑問文〈Do[Does]+主語+一般動詞の原形 ～?〉に、「はい。」と答えるときには〈Yes, 主語+do[does].〉、「いいえ。」と答えるときには〈No, 主語+do[does] + not.〉で表す。Noの答えでは、短縮形のdon't[doesn't]を使うこともできる。Do ～? できかれたらdoで、Does ～? できかれたらdoesで答えるのが基本。

例
Do you **play** tennis? (あなたはテニスをしますか。)
— Yes, I **do**. (はい、します。) / No, I **do** not[don't]. (いいえ、しません。)

POINT

主語がyou Do **you have any pets**? (あなたは何かペットを飼っていますか。)
— Yes, I do. (はい。) / No, I do not[don't]. (いいえ。)

主語が3人称単数 Does **Mr. Brown teach English**?
(ブラウン先生は英語を教えていますか。)
— Yes, he does. (はい。)
— No, he does not[doesn't]. (いいえ。)

重要度 ■■■ まちがえやすさ ■■■

Q.7

a のほうが正しい。

「サナはバスで通学していません。」
a Sana isn't come to school by bus.
b Sana doesn't come to school by bus.

○か×か。

主語が3人称単数で、
一般動詞（come）の否定文だから…。

A.7

ⓑ が正しい。一般動詞の否定文には、don't か doesn't を使う。

💡 主語が3人称単数のときはdoesn't。

🕵 一般動詞の否定文

一般動詞の否定文は一般動詞の前にdo notを置いて、〈主語+do not+一般動詞の原形 ～.〉で表す。ただし、主語が3人称単数のときは、〈主語+does not+一般動詞の原形 ～.〉で表す。

例
I do not live in Tokyo. (私は東京に住んでいません。)
Jack does not like fish. (ジャックは魚が好きではありません。)

🕵 do not/does notの否定の短縮形

do notの短縮形はdon't、does notの短縮形はdoesn'tとなる。会話などの話しことばでは、短縮形を使うことが多い。

don'tは「ドウント」、doesn'tは「ダズント」と発音するんだよ。

例
Ken and his brother don't walk to school.
(ケンと弟は歩いて通学していません。)

Ms. Green doesn't come to school on Fridays.
(金曜日にグリーン先生は学校に来ません。)

POINT

be動詞　I am not a student. (私は学生ではありません。)
My father is not at home. (私の父は家にいません。)

一般動詞　I do not go to school on Sundays. (私は日曜日に学校へ行きません。)
　　= don't
John does not study Japanese. (ジョンは日本語を勉強していません。)
　　= doesn't

重要度　　　　　　　　　まちがえやすさ

Q.8

ⓑのほうが正しい。

「私はネコが好きです。」
ⓐ I like cat.
ⓑ I like cats.

〇か✕か。

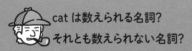
cat は数えられる名詞?
それとも数えられない名詞?

A.8

I like のあとの数えられる名詞は複数形。

💡 cat（ネコ）は数えられる名詞。

🕵 名詞

名詞とは、ものの名前を表すことばで、数えられる名詞と数えられない名詞がある。

★数えられる名詞…dog（犬）、brother（兄、弟）、book（本）、library（図書館）、bus（バス）など

★数えられない名詞…John（ジョン）、baseball（野球）、English（英語）、breakfast（朝食）、water（水）、chocolate（チョコレート）など

数えられるものや人が複数のとき、名詞は複数形にする。複数形は名詞の語尾に-(e)sをつけてつくる。

🕵 I like+名詞の複数形.

「私はネコが好きです。」のように、I like のあとに数えられる名詞がくるときには、名詞を複数形にする。

例
I have a cat. （私はネコを1匹飼っています。）
I like cats. （私はネコが好きです。）

POINT

数えられる名詞が複数のとき、名詞は複数形にする。
数えられない名詞は複数形にしない。

名詞の複数形のつくり方

語尾	つくり方	例
ふつうの語	s をつける	dog ↓ dogs
o, s, sh, ch, x で終わる語	es をつける	bus ↓ buses
〈子音字+y〉で終わる語	y を i にかえて es をつける	library ↓ libraries
f, fe で終わる語	f, fe を v にかえて es をつける	leaf ↓ leaves

●不規則な変化をする複数形
・man（男性）→ men
・woman（女性）→ women
・child（子ども）→ children
・foot（足）→ feet
・tooth（歯）→ teeth

●単数形と複数形が同じ形
・fish（魚）　・sheep（羊）

名詞の複数形の発音

[z] ズ	ふつうの語	dogs [dɔːgz]
[s] ス	単数形の語尾の発音が[p/t/k/f/θ]のとき	cups [kʌps]
[iz] イズ	単数形の語尾の発音が[dʒ/s/z/tʃ/ʃ]のとき	buses [bʌsiz]

重要度 まちがえやすさ

Q.9

（　　　　）には ⓐ が入る。

「私たちの英語の先生はイトウ先生
です。奈良出身です。」
Our English teacher is Mr. Ito.
（　　　）is from Nara.

ⓐ He　ⓑ She

〇か✕か。

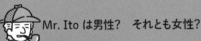

Mr. Ito は男性？　それとも女性？

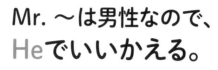

A.9

Mr. 〜は男性なので、Heでいいかえる。

💡 She は前に出てきた女性をいいかえた形。

「〜は」を表す代名詞（主格）

　英語では、同じ名詞の繰り返しを避けるために、ふつう一度出た名詞は代わりのことばにいいかえる。この、代わりのことばを代名詞という。

　「〜は[が]」という意味で、主語のはたらきをする代名詞（人称代名詞）の形を主格という。

人称代名詞（主格）

	〜は[が]（主格）
私	I
あなた（たち）	you
彼	he
彼女	she
それ	it
私たち	we
彼ら、彼女ら、それら	they

例 **Ms. Brown** is our English teacher.
She is from Australia.

（ブラウン先生は私たちの英語の先生です。彼女はオーストラリア出身です。）

My brother is on the soccer team.　He is a good player.

（私の兄はサッカー部に入っています。彼はじょうずな選手です。）

Jim and Tom are brothers.　They are high school students.

（ジムとトムは兄弟です。彼らは高校生です。）

Kana and I are in the same class.　We are good friends.

（カナと私は同じクラスです。私たちは仲よしです。）

POINT

主語が	男の子や男性 ——→ he（彼は）
	女の子や女性 ——→ she（彼女は）
	3人称の複数 ——→ they（彼らは、彼女らは、それらは）
	Iを含む複数 ——→ we（私たちは）
	相手（単数・複数）——→ you（あなたは、あなたたちは）

重要度　まちがえやすさ

Q.10

次の英語にはまちがいがある。

I like he.（私は彼が好きです。）

〇か✕か。

likeのあとに続く「彼」はhe？

A.10

likeのあとはheではなく、「彼を」を表すhim。

💡 動詞の目的語に代名詞がくるときは目的格。

🕵「〜を」「〜に」を表す代名詞（目的格）

動詞のうしろに置いて、「〜を[に]」の意味で目的語のはたらきをする代名詞の形を目的格という。前置詞のあとでも代名詞は目的格にする。

例 This is Eddy. I **know** him very well.

(こちらはエディです。私は彼をとてもよく知っています。)

My grandparents live near my house. I often go shopping **with** them.

(私の祖父母は私の家の近くに住んでいます。私はよく彼らと買い物に行きます。)

🕵「〜の」を表す代名詞（所有格）

my brother（私の兄）、your book（あなたの本）のように、うしろに名詞を置いて「〜の」の意味を表す代名詞の形を所有格という。

例 My **father** is a vet. (私の父は獣医師です。)

Our **English teacher** is Mr. Okada.

(私たちの英語の先生はオカダ先生です。)

Sam has a brother. His **name** is Ted.

(サムには弟がいます。彼の名前はテッドです。)

人称代名詞（所有格・目的格）

	〜の （所有格）	〜を[に] （目的格）
私	my	me
あなた（たち）	your	you
彼	his	him
彼女	her	her
それ	its	it
私たち	our	us
彼ら、彼女ら、 それら	their	them

> **POINT**
> 動詞や前置詞のうしろに置く代名詞は目的格。
> 代名詞を使って、「〜の…」は〈所有格＋名詞〉の形で表す。

重要度 ▢▢▢▢▢　まちがえやすさ ▢▢▢▢

Q.11

「彼女はどこの出身ですか。」
は **a** のほうである。

a Where she is from?
b Where is she from?

〇か✕か。

 疑問詞で始まる疑問文の語順は？

A.11

❌ ⓑ が正しい。疑問詞のあとは、疑問文の語順。

💡 be動詞だと〈疑問詞+be動詞+主語 〜?〉

🕵 いろいろな疑問詞

　「いつ」「どこで[に]」「何（の）」「どのように」「だれ」のように、具体的な「時」「場所」「もの」「様子」「人」などをたずねる場合、ききたい内容を表す疑問詞を文のはじめに置く。

いろいろな疑問詞

意味	疑問詞
いつ	when
どこで[に]	where
何（の）	what
どのように	how
だれ	who

例 What is this?（これは何ですか。）

🕵 疑問詞のある疑問文

　〈疑問詞+am/is/are+主語 〜?〉や〈疑問詞+do[does]+主語+一般動詞の原形 〜?〉のように、疑問詞のあとはふつう疑問文の形を続ける。

例 When is your birthday? — It's May 5.
（あなたの誕生日はいつですか。— 5月5日です。）
Where does your uncle live?
— He lives in Kyoto.
（あなたのおじさんはどこに住んでいますか。
　— 彼は京都に住んでいます。）

> 疑問詞のある疑問文には、きかれた内容を具体的に答えよう!

POINT

疑問詞は文のはじめに置く。
疑問詞のあとは疑問文の形。

中1

確認テスト 1

100点満点
答えはp.199

1 次の日本語にあう英文になるように、（　）内の適する語に○をつけなさい。

2点×4

ミス注意 (1) ケンと私は学生です。

Ken and I (am / are) students.

(2) あなたには兄弟がいますか。

(Are / Do) you have any brothers?

(3) 私たちの英語の先生はブラウン先生です。彼は親切です。

Our English teacher is Mr. Brown. (He / She) is nice.

(4) マイクとテッドはサッカー部に入っています。彼らはじょうずな選手です。

Mike and Ted are on the soccer team. (We / They) are good players.

2 次の日本語にあう英文になるように、（　）に適する語を書きなさい。

4点×10

(1) 私は理科が得意ではありません。

(　　　　　　) not good at science.

(2) あなたは忙しいですか。

(　　　　　　) you busy?

(3) 私は犬が好きです。

I like (　　　　　　).

よく出る (4) ショウタには妹がいます。

Shota (　　　　　　) a sister.

(5) こちらはジョンです。私は彼をとてもよく知っています。

This is John. I know (　　　　　　) very well.

(6) 私たちは空腹ではありません。

(　　　　　　) not hungry.

(7) ミホはあなたの友達ですか。

(　　　　　　) Miho your friend?

(8) リサは毎日、数学を勉強しています。

Lisa ( ) math every day.

ミス注意 (9) ニックは魚が好きではありません。

Nick ( ) like fish.

(10) 彼の名前はユウタです。

( ) name is Yuta.

3 次の日本語にあう英文になるように、( )内の語を
並べかえて、正しい順に番号を書きなさい。　6点 × 4

(1) 私たちは同じクラスです。

(① the　② class　③ same　④ in　⑤ we're).

[　　　→　　　→　　　→　　　　]

(2) 私は毎日ピアノを弾きます。

I (① play　② piano　③ day　④ the　⑤ every).

[　　　→　　　→　　　→　　　　]

よく出る (3) 私の母は土曜日に買い物に行きます。

(① shopping　② on　③ mother　④ goes　⑤ my) Saturdays.

[　　　→　　　→　　　→　　　　]

(4) あなたのおばさんはどこに住んでいますか。

(① where　② your　③ live　④ does　⑤ aunt)?

[　　　→　　　→　　　→　　　　]

4 次の日本文を英語に直しなさい。　7点 × 4

(1) エマ(Emma)は12 歳です。

[　　　　　　　　　　　　　　　　　]

(2) 彼はテニスをしますか。

[　　　　　　　　　　　　　　　　　]

(3) 私たちは歩いて通学していません。

[　　　　　　　　　　　　　　　　　]

(4) あなたの誕生日はいつですか。

[　　　　　　　　　　　　　　　　　]

重要度　　　　　　　　　　　　　まちがえやすさ

Q.12

「ケンジ、自分の部屋を掃除しなさい。」を英語で書き表したのは **b** のほうである。

a Kenji clean your room.
b Kenji, clean your room.

○か✕か。

「ケンジ」は呼びかけだね。

A.12

命令文では主語は置かず、〈動詞の原形 〜.〉で表す。

💡 呼びかけの語のあとにはコンマ(,)が必要。

🕵️命令文

「〜しなさい。」のように、相手に指示する文を命令文という。命令文は、動詞の原形で文をはじめ、主語は置かない。

例 Do your homework. (宿題をしなさい。)
　 — All right, Mom. (はい、お母さん。)

🕵️be動詞の命令文

be動詞の命令文はbe動詞(am/is/are)の原形のBeで文をはじめる。

例 Be nice to everyone. (みんなにやさしくしなさい。)

🕵️呼びかけの語

命令文ではだれに対して指示しているのかをはっきりさせるために、呼びかけの語を置く場合がある。呼びかけの語は、文のはじめか文の終わりに、コンマで区切って置く。

例 Kana, practice the piano. (カナ、ピアノの練習をしなさい。)
　 Call Joe, Mike. (ジョーに電話しなさい、マイク。)

●親切な命令文
　命令文は、命令だけではなく相手に対して親切な申し出をするときなどにも使われる。
Use my dictionary.
— Thank you.
(私の辞書を使って。—ありがとう。)

> 日本語でも、呼びかけるときには一拍おくよね。英語も同じようにいおうね。

POINT

命令文は「動詞の原形」ではじめる。呼びかけの語は、コンマ(,)で区切って置く。

重要度 ▮▮▮▮▮   まちがえやすさ ▮▮▮▮▮

Q.13

「窓を開けないでください。」を英語で書き表したのは @ のほうである。

ⓐ Not open the window, please.
ⓑ Don't open the window, please.

「〜しないで。」はNot、Don'tの
どちらで始める?

○か✕か。

A.13

「〜してはいけません。」は、〈Don't+動詞の原形 〜.〉。

💡 ていねいな命令文にはpleaseをつける。

否定の命令文

「〜してはいけません。」のように、してはいけない動作を相手に伝えるときには、命令文の前にDon'tをつける。

例1 **Don't** swim in this lake.
(この湖で泳いではいけません。)

ていねいな命令文

ていねいに「〜してください。」と伝えたいときには、pleaseを文のはじめか文の終わりにつける。文の終わりにつけるときには、直前にコンマ(,)を置いて区切る。

命令文は、道案内や料理の手順などを示すときにも使われるが、pleaseはつけなくてよい。

例1 **Please write** your name here.
= **Write** your name here, **please**.
(ここにあなたの名前を書いてください。)

●be動詞の否定の命令文
〈Don't be 〜.〉の形にする。
Don't be afraid.
(怖がらなくていいよ。)

> 「〜しないでください」のような、ていねいな否定の命令文は〈Please don't+動詞の原形 〜.〉か〈Don't+動詞の原形 〜, please.〉で表せるよ。

POINT

「〜してはいけません。」 ────→ 〈Don't+動詞の原形 〜.〉
「〜してください。」 ────→ 〈Please+命令文.〉、〈命令文, please.〉
「〜しないでください。」 ────→ 〈Please don't+動詞の原形 〜.〉、
　　　　　　　　　　　　　　　〈Don't+動詞の原形 〜, please.〉

Q.14

次の英語は正しい。

Let's cooking.（料理をしよう。）

〇か✕か。

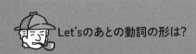
Let'sのあとの動詞の形は?

A.14

cookingではなくて、cook。

💡 「～しましょう。」は、〈Let's+動詞の原形 ～.〉。

🔍相手をさそう文

「～しましょう。」と相手をさそうときには、〈Let's +動詞の原形 ～.〉で表す。

例 Let's **eat** lunch here.
（ここで昼食を食べましょう。）

✗Let's cooking.じゃなくて、Let's cook.だね。

🔍Let's ～.への応じ方

Let's ～. のさそいを受け入れるときには、All right. / OK. / Yes, let's. などと応じる。

例 Let's go to the restaurant. — OK.
（そのレストランに行きましょう。—いいですよ。）

🔍Let'sのもとの形

Let's は Let us の短縮形。「～しましょう。」というときには、ふつう短縮形のLet'sを使う。

例 Let's **play** tennis together.
（いっしょにテニスをしましょう。）

Let'sはLet usの短縮形だから、「いっしょにテニスをしましょう。」は、✗Let's play tennis with us.とは言わないよ。

POINT
「～しましょう。」 ⟶ 〈Let's+動詞の原形 ～.〉

重要度 　　　　　　　　　　まちがえやすさ

Q.15

ⓐのほうが正しい。

「テッドはギターがうまく弾けません。」
ⓐ Ted cannot play the guitar well.
ⓑ Ted cannot plays the guitar well.

○か✕か。

 cannotのあとの動詞の形は?

A.15

cannot のあとには
動詞の原形がくる。

💡 主語がどんなときでも必ず動詞の原形。

🔍can の肯定文

「（楽器を）弾ける」や「参加できる」のように、「〜することができます」と能力や可能性を表すときは、〈can+動詞の原形〉を使う。この形は主語がどんな場合でもかわらない。

> I **can ride** a unicycle.（私は一輪車に乗れます。）
> John **can join** the party tonight.
> （ジョンは今夜パーティーに参加できます。）

canは動詞に意味を添えて助けるはたらきをするので、助動詞というよ。

🔍can の否定文

「私の母は車を運転できません。」のように、「〜することができません」は〈cannot+動詞の原形〉で表す。肯定文と同じように、主語がどんな場合でもこの形はかわらない。また、cannotは短縮形のcan'tの形がよく使われる。

> My mother **cannot drive** a car.（私の母は車を運転できません。）
> We **can't go** on that day.（私たちはその日には行くことができません。）

主語が3人称単数のときでも ✕cannot drives にはならないんだね。

POINT

「〜することができる」⟶〈can + 動詞の原形〉
「〜することができない」⟶〈cannot[can't] + 動詞の原形〉
主語がどんな場合でも、この形はかわらない。

重要度 ■■■■□ まちがえやすさ ■□□□□

Q.16

次の英語にはまちがいがある。

Do you can make *tempura*?
（あなたは天ぷらが作れますか。）

○か✕か。

「〜できますか。」とたずねるときは、
Do you 〜?でよいか？

A.16

Do you canではなくて、Can youで表す。

💡 canの疑問文ではdo[does]は使わない。

🔍canの疑問文

「〜することができますか。」と能力や可能性をたずねるときは、主語の前にCanを置いて、〈Can+主語+動詞の原形 〜?〉で表す。canを使った肯定文や否定文と同様に、この形は主語がどんな場合でもかわらない。

> canは助動詞で、1つの文の中に助動詞は1つしか使えないよ。実は、一般動詞の疑問文をつくるDo[Does]も助動詞なので、canといっしょには使えないんだ。

例 Can your brother run fast?
（あなたのお兄さんは速く走れますか。）

Can you come home at seven today?
（あなたは今日、7時に家に帰れますか。）

🔍canの疑問文に対する答え方

〈Can+主語+動詞の原形 〜?〉に「はい。」で答えるときには〈Yes, 主語+can.〉、「いいえ。」で答えるときには〈No, 主語+cannot[can't].〉で表す。

> 疑問文に答える文の主語は必ず代名詞にしようね。

例 Can Mana play the piano? （マナはピアノが弾けますか。）

— Yes, she can. （はい、弾けます。）

— No, she cannot[can't]. （いいえ、弾けません。）

POINT

「〜することができますか。」 ⟶ 〈Can+主語+動詞の原形 〜?〉
主語がどんな場合でもこの形はかわらない。

重要度 ███ まちがえやすさ ███

Q.17

（　　　　）に入る英語は are である。

「あなたはここで何をしているのですか。」
What（　　　）you doing here?

〇か✕か。

今していることをたずねているから…。

現在進行形の疑問文で表す。
be動詞のareが入る。

💡 主語によってam/is/areを使い分ける。

🎓現在進行形の文

　ちょうど今起こっていることや、ちょうど今している動作を表して、「～しているところです」というときには、〈am/is/are+動詞のing形〉を使う。これを現在進行形という。am/is/areは主語によって使い分ける。

例１ I am [I'm] having lunch with Ken.
（私はケンと昼食を食べています。）

🎓現在進行形の否定文

　現在進行形の否定文は〈am/is/are + not + 動詞の ing 形〉で表し、「～しているところではありません」の意味を表す。

例１ We are not [We're not/We aren't] playing soccer. （私たちはサッカーをしているところではありません。）

🎓現在進行形の疑問文

　現在進行中の動作について、「～しているところですか」とたずねるときは、〈Am/Is/Are+主語+動詞の ing 形 ～?〉で表す。

例１ Is your sister studying? （お姉さんは勉強中ですか。）
What are you doing? （あなたは何をしていますか。）

動詞のing形のつくり方

語尾	つくり方	例
ふつうの語	ing をつける	play ↓ playing
eで終わる語	e をとって ing をつける	make ↓ making
〈短母音+子音字〉で終わる語	子音字を重ねて ing をつける	plan ↓ planning
ieで終わる語	ie を y にかえて ing をつける	lie ↓ lying

●疑問文への答え方
　答えの文でもbe動詞を使い、be動詞は主語によってam/is/areを使い分ける。
Is Ken watching TV?
— Yes, he is.
（ケンはテレビを見ていますか。
— はい、見ています。）
What is he watching?
— He's watching a movie.
（彼は何を見ているのですか。
— 映画を見ています。）

重要度 まちがえやすさ

Q.18

次の英語は正しい。

We study in the library every Thursday.
（私たちは木曜日にはいつも図書館で勉強しています。）

 習慣的行動を表す文の形は？

○か✕か。

A.18

「勉強しています」でも are studying ではなくて、studyで表す。

💡 習慣的行動は現在進行形にしない。

🔍 現在進行形はどんなときに使う?

〈am/is/are+〜ing〉で表される現在進行形は、ちょうど今起こっていることや、ちょうど今している動作を表すときに使う。

例
It is[It's] raining now. (今、雨が降っています。)
I am[I'm] cooking in the kitchen. (私は台所で料理中です。)

🔍 「〜している」=現在進行形?

「私たちは木曜日にはいつも図書館で勉強しています。」は、ちょうど今していることを表しているのではなく、習慣的行動を表している。このように習慣を表すときは、現在進行形ではなく現在形を使う。

日本語が「〜している」となっていても、今この瞬間の動作でなければ、現在進行形は使わないんだね。

例
He works at a hospital.
(彼は病院で働いています。)
She always practices the piano after dinner.
(彼女はいつも夕食後にピアノの練習をしています。)

POINT

「〜している」

→ ちょうど今起こっていることやしていること ──→ **現在進行形で表す。**

→ 習慣的行動 ──────────────→ **現在形で表す。**

重要度 ┃　┃　┃　┃　┃　┃　　　　　　まちがえやすさ ┃　┃　┃　┃　┃

Q.19

ⓐのほうが正しい。

「私は彼の名前を知っています。」
ⓐ I know his name.
ⓑ I'm knowing his name.

〇か✕か。

 knowは「知っている」という状態を表す
から…。

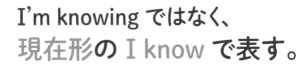

A.19

I'm knowing ではなく、
現在形の I know で表す。

💡 状態を表す動詞はふつう進行形にしない。

「知っている」=現在進行形？

現在進行形は、ちょうど今起こっていることや、ちょうど今している動作を表すときに使う。これに対して、knowは「知っている」という意味で、動作ではなく、状態を表すので現在進行形にはしない。

例 She **knows** the answer of the question.
（彼女はその問題の答えを知っています。）

現在進行形にしない動詞

「～している」という場合、ちょうど今している進行中の動作なら現在進行形で表すが、習慣的行動や、長期間続く状態を表す場合は現在進行形ではなく現在形を使って表す。

例 Tom **walks** to school.
（トムは歩いて通学しています。）
I **live** in Akita.
（私は秋田に住んでいます。）

●ふつう現在進行形にしない動詞
→長期間続く状態
・know（知っている）
・like（好きだ）
・love（大好きだ、愛している）
・*have（持っている、飼っている）
・live（住んでいる）
・want（ほしいと思っている）
*haveを「食べる」の意味で使うときには、進行形にできる。
I'm **having** lunch.（私は昼食を食べています。）

POINT
「～している」 ➡ 現在進行中の動作でなければ、現在進行形では表さず、現在形で表す。

重要度 ■■■■ まちがえやすさ ■■■

Q.20

「彼女は今日の午前中、学校にいませんでした。」は ⓐ のほうである。

ⓐ She wasn't at school this morning.

ⓑ She didn't at school this morning.

 「（場所）にいた」というときに使う動詞は？

○か✕か。

A.20

「（場所）にいた」は、be動詞の過去形（was/were）で表す。

💡 wasn't は was not の短縮形。

👦「…は～にいた」の文

be動詞のうしろに場所を表す語句を置いて、〈am/is/are+場所を表す語句〉で表すとき、「…は～にいます［あります］」の意味になる（→p.12）。

過去において「…は～にいた［あった］」は、am/is/areを過去形にして表す。am/isの過去形はwas、areの過去形はwereとなる。

例
I was busy yesterday. （私はきのう忙しかった。）
Ken and Tom were in the same class last year. （ケンとトムは昨年、同じクラスでした。）

be動詞の現在形と過去形

主語	現在形	過去形
I	am	was
3人称単数	is	was
you, 複数	are	were

👲be動詞の過去の否定文・疑問文

be動詞の過去の否定文はwas/wereのうしろにnotを置く。疑問文は主語の前にwas/wereを置き、答えるときにもwas/wereを使う。

●was not/were notの短縮形
was not → wasn't
were not → weren't

例
I was not[wasn't] hungry then.
（私はそのとき空腹ではありませんでした。）
Were you in the gym at two o'clock?
（あなたたちは2時に体育館にいましたか。）
— Yes, we were. （はい、いました。）
— No, we were not[weren't]. （いいえ、いませんでした。）

didn't は一般動詞の過去の否定文で使うよ。was/wereといっしょには使えないよ。

重要度  まちがえやすさ

Q.21

次の英語は正しい。

Satoshi eated curry and rice for lunch.
（サトシは昼食にカレーライスを食べました。）

〇か✕か。

 eatは規則動詞？　不規則動詞？

A.21

eatの過去形は、eatedではなくate。

💡 一般動詞には規則動詞と不規則動詞がある。

🕵一般動詞の過去形

「私はきのう英語を勉強しました。」のように、過去におこなった動作は、一般動詞の過去形を使って表す。ふつう一般動詞の過去形は、原形(もとの形)の語尾に-(e)dをつける。これを規則動詞という。

例
I **cooked** dinner. (私は夕食を料理しました。)
I **studied** English yesterday.
(私はきのう英語を勉強しました。)

🕵不規則に変化する一般動詞

一般動詞の過去形には、語尾に-(e)dをつける規則動詞と、1つ1つ異なる変化をする不規則動詞がある。

例
We **ate** lunch in the park.
(私たちは公園で昼食を食べました。)
He **read** the book last night.
(彼は昨夜その本を読みました。)

┌POINT┐
一般動詞の過去形には、規則動詞と不規則動詞がある。
規則動詞 ━━→ 語尾に-(e)dをつける。
不規則動詞 ━━→ 1つ1つ変化が異なる。

規則動詞の過去形のつくり方

動詞	つくり方	例
ふつうの語	ed を つける	play ↓ played
e で 終わる語	d を つける	move ↓ moved
〈子音字 +y〉で 終わる語	y を i に かえて ed をつける	study ↓ studied
〈短母音+ 子音字〉で 終わる語	子音字を 重ねて ed をつける	plan ↓ planned

おもな不規則動詞

原形	過去形
go (行く)	went
come (来る)	came
see (見る)	saw
make (作る)	made
eat (食べる)	ate
read (読む)	*read
speak (話す)	spoke

*readの過去形は原形と同じつづりだが、発音は[red レッド]になる。

重要度 ▮▮▮　　　まちがえやすさ ▮▮▮

Q.22

次の英語にはまちがいがある。

Did she went to the park last Sunday?
（彼女はこの前の日曜日に公園に行きましたか。）

○か✕か。

Didのあとにくる動詞の形は?

55

A.22

wentではなく、原形のgoにする。

💡 〈Did+主語+動詞の原形 〜?〉の形。

🕵 一般動詞の過去の疑問文

「彼女はこの前の日曜日に公園に行きましたか。」のように、過去におこなった動作をたずねるときは、〈Did+主語+一般動詞の原形 〜?〉で表す。現在形の疑問文とはちがい、主語が3人称単数の場合でもこの形（Did）はかわらない。

例 Did she go to the park last Sunday?
（彼女はこの前の日曜日に公園に行きましたか。）

🕵 一般動詞の過去の否定文

「私はきのう学校へ行きませんでした。」のように、過去におこなわなかった動作を表すときには、〈主語+did not+一般動詞の原形 〜.〉で表す。また、did notは短縮形のdidn'tでも表せる。

例 I did not[didn't] go to school yesterday.
（私はきのう学校へ行きませんでした。）

●疑問文への答え方
〈Did+主語＋一般動詞の原形 〜?〉に「はい。」は、〈Yes, 主語+did.〉、「いいえ。」は、〈No, 主語+did not.〉で答える。
Did you read this book?
（あなたはこの本を読みましたか。）
— Yes, I did.（はい。）
　　No, I did not [didn't].（いいえ。）

●疑問詞で始まる疑問文への答え方
たずねられた内容に具体的に答える。
What did you do last night?
— I studied math.
（昨夜何をしましたか。
—数学を勉強しました。）

> **POINT**
>
> **一般動詞の過去の疑問文** Did you play tennis last Sunday?
> （あなたはこの前の日曜日にテニスをしましたか。）
> — Yes, I did.（はい。）/ No, I did not[didn't].（いいえ。）
> **一般動詞の過去の否定文** My brother did not[didn't] get up early this morning.
> （私の弟は今朝、早く起きませんでした。）

重要度 ▮▮▮ まちがえやすさ ▮▮▮

Q.23

「あなたはそのときテレビを
見ていましたか。」は **a** のほう
である。

a Did you watch TV then?
b Were you watching TV then?

過去のあるときにしていたことを
たずねる文は?

〇か✕か。

A.23

❌ ⓑ が正しい。「(そのとき)していました」は 過去進行形で表す。

💡 過去進行形は〈was[were]+～ing〉。

🔍 過去進行形

　過去のある時点で起こっていたことや、ある時点でしていた動作を表すときは、過去進行形を使う。過去進行形は「～していました」という意味を表す。

　過去進行形は〈was/were+～ing〉で表し、was/wereは主語によって使い分ける。

例
It **was snowing** at nine last night. (昨夜9時に雪が降っていました。)
We **were studying** English then. (私たちはそのとき英語を勉強しているところでした。)

🔍 過去進行形の疑問文

　「あなたはそのときテレビを見ていましたか。」のように、過去のある時点でしていた動作をたずねるときは、過去進行形の疑問文で表す。過去進行形の疑問文は、〈Was/Were+主語+～ing …?〉で表す。

例
Were you **watching** TV then?
(あなたはそのときテレビを見ていましたか。)
What **were** you **doing** at that time?
(あなたはそのとき何をしていましたか。)

🔍 過去進行形の否定文

　過去のある時点でしていなかった動作をいうときには、〈was/were not+～ing〉で表す。

例
The baby **was not sleeping** then.
(その赤ちゃんはそのとき眠っていませんでした。)

● 過去進行形の疑問文への答え方
〈Was/Were+主語+～ing …?〉に、「はい。」は〈Yes, 主語+was[were].〉、「いいえ。」は〈No, 主語+was[were] not.〉で答える。
Were you playing soccer then?
(あなたはそのときサッカーをしていましたか。)
— Yes, I was. (はい。)
— No, I was not[wasn't].
(いいえ。)
● was not/were notの短縮形
・was notの短縮形 → wasn't
・were notの短縮形 → weren't

重要度 | まちがえやすさ

Q.24

「机の上に私の辞書があります。」
は ⓐ のほうである。

ⓐ There is my dictionary on
the desk.

ⓑ My dictionary is on the desk.

特定のものが「ある」というとき、
There is[are] 〜 . の文は使える?

○か×か。

A.24

❌ **ⓑ が正しい。「(特定のもの)がある」は、〈特定のもの+is[are] 〜.〉で表す。**

💡 There is[are]のあとにmy 〜はこない。

🔍 There is[are] 〜. の文

「駅前に銀行があります。」のように、「(場所)に(もの/人)があります[います]。」というときには、〈There is[are]+もの/人+場所を表す語句.〉で表す。このとき、There is[are]のうしろには、特定の「だれかのもの」を表す語句は置かない。

例 There is **a bank** in front of the station.
(駅前に銀行があります。)

There are **a lot of people** in the park.
(公園にはたくさんの人々がいます。)

🔍「(特定のもの)がある」を表す文

「私の学校は駅前にあります。」のように、「(場所)に(特定のもの)があります。」というときには、〈特定のもの +is [are] + 場所を表す語句.〉で表す。

例 My school is in front of the station.
(私の学校は駅前にあります。)

Our cats are on the sofa. (私たちのネコはソファの上にいます。)

●There is[are] 〜. の文の主語
　この文の形は、主語は文のはじめにある There ではなくて、is[are]のうしろにくる名詞。is/areは、この主語が単数か複数かで使い分ける。
There **is** a picture on the wall.
(壁には写真が1枚かかっています。)
There **are** some apples in the box.
(箱の中にはリンゴがいくつか入っています。)

> There is[are] 〜. の文では、「〜」の部分に〈the+名詞〉や〈my/your/his/her など+名詞〉のような形の語句は置かないよ。

POINT

不特定のもの[人]がある[いる] ⟶ 〈There is[are]+もの/人+場所を表す語句.〉
特定のもの[人]がある[いる] ⟶ 〈特定のもの/人+is[are]+場所を表す語句.〉

重要度 ▮▮▮ まちがえやすさ ▮▮▮

Q.25

次の英語の質問に「はい、あります。」と答えているのは **b** のほうである。

Is there a library in this town?
　a Yes, it is.
　b Yes, there is.

〇か✕か。

Is there 〜?に対する答えだから…。

A.25

Is[Are] there 〜?には、thereを使って答える。

💡 Noの場合は、No, there is[are] not.

Is[Are] there 〜?

「この町には図書館があります。」は、There is a library in this town.で表す。これを疑問文にするときには、thereの前にisを出してIs there〜?で表す。There are 〜.の疑問文は Are there 〜? で表す。

例
Is there **a library** in this town? (この町には図書館がありますか。)
Are there **any children** in the room? (その部屋には子どもが何人かいますか。)

Is[Are] there 〜?への答え方

Is[Are] there 〜?の質問に対して、「はい。」はYes, there is[are].、「いいえ。」はNo, there is[are] not.で答える。is not/are not はそれぞれ短縮形のisn't/aren'tを使うこともできる。

> Is[Are] there 〜?に対しては、必ずthereを使って答えるんだよ。

例
Is there **a post office** near here?
(この近くに郵便局はありますか。)
— Yes, there is. (はい、あります。)
— No, there is not[isn't]. (いいえ、ありません。)
Are there **any good restaurants** around here?
(この辺りに、おすすめのレストランはありますか。)
— Yes, there are. (はい、あります。)
— No, there are not[aren't]. (いいえ、ありません。)

中1 **確認テスト2**

100点満点
答えはp.199

1 次の日本語にあう英文になるように、( )内の
適する語に○をつけなさい。

2点 × 4

(1) みんなに親切にしなさい、ケン。

Ken, (is / be) kind to everyone.

(2) 走りましょう。

Let's (run / running).

(3) 私の母は車を運転することができません。

My mother cannot (drive / drives) a car.

ミス注意 (4) あなたはここで何をしているのですか。

What (are / do) you doing here?

2 次の日本語にあう英文になるように、( )に
適する語を書きなさい。

1点 × 10

(1) ドアを閉めないでください。

( ) close the door, please.

よく出る (2) あなたはこのケーキが作れますか。

( ) you make this cake?

(3) 私は読書をしているのではありません。

I'm not ( ) a book.

(4) ジョンは午前中、家にいませんでした。

John ( ) at home in the morning.

(5) 私たちは昼食にスパゲッティを食べました。

We ( ) spaghetti for lunch.

(6) 私は今朝、早く起きませんでした。

I ( ) get up early this morning.

(7) きのうの正午は雪が降っていました。

It ( ) snowing at noon yesterday.

(8) あなたはそのとき空腹でしたか。

(   ) you hungry then?

ミス注意 (9) この町には競技場がありますか。――いいえ、ありません。

Is there a stadium in this town? —— No, (   ) isn't.

(10) 私たちはそのときテレビを見ていませんでした。

We were not (   ) TV then.

3 次の日本語にあう英文になるように、( )内の語(句)を 並べかえて、正しい順に番号を書きなさい。 6点×4

よく出る (1) 放課後いっしょにバスケットボールをしよう。

(① play   ② after   ③ together   ④ let's   ⑤ basketball) school.

[→   →   →   →   ]

(2) 私は土曜日は図書館で勉強しています。

I (① in   ② the   ③ library   ④ study   ⑤ on) Saturdays.

[→   →   →   →   ]

(3) 彼らはきのう公園に行きましたか。

(① the park   ② to   ③ did   ④ go   ⑤ they) yesterday?

[→   →   →   →   ]

(4) 私のネコはベッドの上にいます。

(① is   ② cat   ③ the bed   ④ on   ⑤ my).

[→   →   →   →   ]

4 次の日本文を英語に直しなさい。 7点×4

(1) アヤ(Aya)、自分の部屋を掃除しなさい。

[   ]

(2) あなたは速く走れますか。――はい、走れます。

[   ]

(3) 私は今、台所で料理をしています。

[   ]

(4) テーブルの上にはカップが1つあります。

[   ]

もっと ◯✕ 10問 中1

こっちの問題も
解けたら◎

Q.1

a **のほうが正しい。**

「あなたは何のスポーツをしますか。」

a What sports do you play?

b What do you play sports?

Q.2

a **のほうが正しい。**

「あなたには姉妹が何人いますか。」

a How many sister do you have?

b How many sisters do you have?

Q.3

(）には b **が入る。**

「マサシは料理が得意です。」

Masashi is good at ( ).

a cook　b cooking

Q.4

「きのう、だれがあなたの家に来ましたか。」は

a **のほうである。**

a Who did your house come yesterday?

b Who came to your house yesterday?

Q.5

「これはだれの本ですか。」は

b **のほうである。**

a Whose book this is?

b Whose book is this?

A. 1 ○

「何のスポーツ」は、

What sports で表す。

💡「何、何の」は what。
「何の…」は〈what+名詞〉で表す。

A. 2 ✕

ⓑ が正しい。

〈How many + 名詞の複数形 ～?〉。

💡 many は「たくさんの」の意味なので、うしろに置く名詞は必ず複数形。

A. 3 ○

be good at ～の「～」には、

名詞や動詞のing形が入る。

💡 at など前置詞のあとには、名詞や動詞のing形がつづく。

A. 4 ✕

ⓑ が正しい。

この文の Who は主語のはたらきをし、
そのあとには動詞のcameがつづく。

💡 who や what などの疑問詞が主語になる疑問文は、ふつうの文の形
〈Who[What]＋(助動詞)＋動詞 ～?〉。Who[What]のうしろを〈do/
does/did+主語〉の語順にしない。

A. 5 ○

「だれの～」は〈whose+名詞〉。

うしろに疑問文の語順をつづける。

💡 Whose book is this? には It's mine.（私のものです。）のように所有代名
詞（mine、yours〈あなた（たち）のもの〉、ours〈私たちのもの〉、his〈彼のも
の〉、hers〈彼女のもの〉、theirs〈彼らのもの〉）を使って答えたり、It's my
father's.（私の父のものです。）のように〈名詞+'s〉の形を使って答えたりする。

Q.6

（　　　）には **a** が入る。

「あの自転車は私のです。」

That bike is (　　　).

a my　**b** mine

Q.7

（　　　）には **b** が入る。

「私はペットを1匹も飼っていません。」

I don't have (　　　) pets.

a some　**b** any

Q.8

（　　　）には **a** が入る。

What time do you get up?（あなたは何時に起きますか。）

— I usually get up (　　　) 6:30.

（私はたいてい6時30分に起きます。）

a on　**b** at

Q.9

次の英語の意味を表す日本語は **b** である。

Can I open this box? — Sure.

a「この箱を開けてもらえますか。―もちろんです。」

b「この箱を開けてもいいですか。―もちろんです。」

Q.10

（　　　）に入る英語は **and** である。

「あなたはケーキとアイスクリームのどちらがほしいですか。」

Which do you want, cake (　　　) ice cream?

A. 6 ✕

ⓑ が正しい。

「私の」という日本語からmyを選ばない。

💡 my のあとには名詞が続く。mine「私の(もの)」は my 〜を1語でいいかえたことば(所有代名詞)。

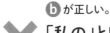

A. 7 ⭕

「1つの…も〜ない」は、

〈not 〜 any …〉で表す。

💡 否定文や疑問文ではふつうsomeではなく、anyを使う。ただし、Would you like some coffee?(コーヒーは〈いくらか、少し〉いかがですか。)のように相手にものを勧める疑問文ではふつうsomeを使う。

A. 8 ✕

ⓑ が正しい。

「(時刻)に」は〈at+時刻〉。

💡 「(曜日・日付)に」は〈on+曜日・日付〉、「(年・月・季節)に」は〈in+年・月・季節〉で表す。

A. 9 ⭕

Can I 〜?は許可を求めて、

「〜してもいいですか」。

💡 相手にお願いして、「〜してもらえますか。」は Can you 〜?で表す。

A. 10 ✕

「〜か…か」ということなので、

andではなく、or が入る。

💡 「AとB(のどちらか)」はA or B、「AとB(の両方)」はA and Bで表す。〈Which 〜, A or B?〉の形で「AとBのどちらが〜か。」の意味。

まるばつだけで8割ねらえる中学英語

中2

まる　　ばつ

語形変化のまちがえやすいつづり

せっかく覚えていて、つづりをまちがえると減点や不正解となってしまう。ここでづづりをまちがえやすい語形変化を押さえておこう。

✗ gos ⟶ ◯ goes

go(行く)の3人称単数現在形〈3単現〉。発音は[ゴウズ]。語尾にesがつく3単現にはteaches(教える)、finishes(終える)などもある。

✗ studys ⟶ ◯ studies

study(勉強する)の3人称単数現在形〈3単現〉。語尾のyをiにかえてesをつける単語にはtry(試してみる)―triesなどもある。

✗ runing ⟶ ◯ running

run(走る)のing形。語尾の文字を重ねてingをつける単語にはswim(泳ぐ)― swimming、sit(座る)― sittingなどもある。

✗ stoped ⟶ ◯ stopped

stop(やめる、止まる)の過去形・過去分詞。語尾の文字を重ねてedをつける単語にはplan(計画する)― plannedなどもある。

✗ useing ⟶ ◯ using

use(使う)のing形。語尾のeをとってingをつける単語にはmake(作る)―making、come(来る)― coming、write(書く)― writingなどもある。

✗ easyer ⟶ ◯ easier

easy(簡単な)の比較級。語尾のyをiにかえてerをつける。easy〈原級〉―easier〈比較級〉―easiest〈最上級〉と変化する。

✗ bigest ⟶ ◯ biggest

big(大きい)の最上級。語尾の文字を重ねてestをつける。big〈原級〉―bigger〈比較級〉―biggest〈最上級〉と変化する。

重要度 ▮▮▮▮▮ まちがえやすさ ▮▮▮▮▮

Q.1

次の英語は正しい。

It will sunny tomorrow.
（明日は晴れるでしょう。）

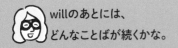
willのあとには、
どんなことばが続くかな。

A.1

willのあとに 動詞のbeが必要。

💡 助動詞 will のあとは動詞の原形。

😊「明日は晴れるでしょう」は?

「今日は晴れています。」は It is sunny today. というが、「明日は晴れるでしょう。」のように、未来のことについて「〜でしょう」というときは、〈will+動詞の原形〉を使って表す。

> 例1 It will be sunny tomorrow.
> （明日は晴れるでしょう。）

😊 助動詞 will の意味

willは「〜でしょう」のように未来の予測や予想を表すほか、「〜します」のように今その場で決めたこと（自分の意志）も表す。

> 例1 I will answer the phone. （私が電話に出ます。）

😊 will の否定文・疑問文

willの否定文は、willのうしろにnotを置いて、〈will not+動詞の原形〉を使って表す。willの疑問文はwillを主語の前に置いて、〈Will+主語+動詞の原形 〜?〉で表す。

> 例1 I will not swim today. （私は今日は泳ぎません。）
> Will you go to India next year?
> （あなたは来年インドに行きますか。）

●動詞の原形

動詞の原形とは、一般動詞ならば3単現の-(e)sや過去形の-(e)dなどのついていないもとの形であり、be動詞ならば、現在形（am/is/are）でも過去形（was/were）でもないもとの形beのことをいう。

●will notの短縮形はwon'tで表す。[ウォウント]のように発音する。

●willの疑問文への答え方

Will 〜? には will を使って答える。 Will you visit Hawaii next summer?

（あなたは次の夏にハワイを訪れますか。）

— Yes, I will. （はい。）

— No, I will not[won't]. （いいえ。）

重要度 ／／／ まちがえやすさ

Q.2

次の英語にはまちがいがある。

He is going to plays baseball next Sunday.
（彼は今度の日曜日に野球をする予定です。）

〇か✕か。

be going to のあとには、
どんなことばがつづくかな？

A.2

playsがまちがい。
play にしないといけない。

💡 be going to のあとの動詞は原形。

👩 未来の予定を表すbe going to 〜

「〜する予定です」のように、すでに決められた未来の予定は〈am/is/are+going to+動詞の原形〉で表す。am/is/areは主語によって使い分ける。

> 主語が3人称単数のときでも、toのあとの動詞に-(e)sはつかないんだね。

例 He is[He's] going to **play** baseball next Sunday.
（彼は今度の日曜日に野球をする予定です。）
I am[I'm] going to **visit** my uncle tomorrow.
（私は明日おじを訪問する予定です。）

👩 be going to 〜 の否定文

「〜する予定ではありません」は、am/is/areのうしろにnotを置いて、〈am/is/are+not going to+動詞の原形〉で表す。

例 We are not going to **go** to the beach tomorrow.
（私たちは明日ビーチに行く予定ではありません。）

●いろいろな短縮形
・I am → I'm
・You are → You're
・He is → He's
・She is → She's
・It is → It's
・We are → We're
・They are → They're
・is not → isn't
・are not → aren't

POINT

これからの予定
「〜する予定だ」────→ 〈am/is/are+going to+動詞の原形〉
「〜する予定ではない」──→ 〈am/is/are+not going to+動詞の原形〉

重要度 ░░░ まちがえやすさ ░░░

Q.3

（　　　）に入る英語はDoである。

「来週あなたは京都を訪れる予定ですか。」
（　　　）you going to visit Kyoto next week?

○か✕か。

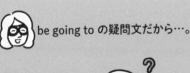

be going to の疑問文だから…。

A.3

× Doではなく、
Areが入る。

😎「〜する予定ですか」は?

「来週あなたは京都を訪れる予定ですか。」のように、これからの予定をたずねるときには、主語の前にis/areを置いて、〈Is/Are+主語+going to+動詞の原形 〜?〉で表す。

Do you 〜?は、現在の習慣などについて、「あなたは〜しますか。」とたずねるときに使うよ。あとには動詞の原形がつづくね。

例 Are you going to **visit** Kyoto next week?
（来週あなたは京都を訪れる予定ですか。）

Is Mike **going to come** to Japan next summer?
（マイクは次の夏に、日本に来る予定ですか。）

😎〈Is/Are+主語+going to 〜?〉への答え方

Are you going to visit Kyoto next week?のように、これからの予定をたずねられたときには、be動詞の疑問文と同じように、be動詞を使って答える。上の質問に対して「はい。」ならばYes, I am.、「いいえ。」ならばNo, I am not.で応じる。

疑問文の主語に応じて答えの文の主語の代名詞を考え、それに応じたbe動詞をつづけよう。

例 Are **the members** going to practice tomorrow?
（部員たちは明日練習する予定ですか。）

— Yes, **they are.** （はい、その予定です。）

— No, **they are not.** （いいえ、その予定はありません。）

重要度 ■ ■ ■ □ □　　　　　まちがえやすさ ■ ■ □ □ □

Q.4

次の英語にはまちがいがある。

You must are here.
（あなたたちはここにいなければなりません。）

○か×か。

 must は助動詞。
助動詞のあとにくる動詞の形は?

A.4

must のあとは、are ではなく 原形の be にする。

💡 助動詞mustのあとの動詞は原形。

助動詞

「あなたたちはここにいなければなりません。」のように、動詞に意味を添えて助けるはたらきをすることばを助動詞という。

助動詞には、can/will/must/should/mayなどがあり、主語がどんな場合でも〈助動詞+動詞の原形〉の形で使う。

おもな助動詞とその意味

助動詞	意味
can	～できる
will	～だろう、～する
must	～しなければならない、～にちがいない
should	～したほうがよい、～すべきだ
may	～かもしれない、～してもよい

例 I can **swim** fast. （私は速く泳ぐことができます。）

It will **be** snowy today. （今日は雪になるでしょう。）

Emma must **be** home before six.

（エマは6時前には家にいなければなりません。）

You should **go** to bed at ten.

（あなたは10時に寝たほうがいい。）

My mother may **be** tired.

（母は疲れているかもしれません。）

助動詞の否定文

助動詞の否定文は、〈助動詞+not+動詞の原形〉の形で表す。must not ～は「～してはいけません」の意味になることに注意。

〈助動詞+not〉の意味

助動詞	意味
cannot	～できない
will not	～しないだろう、～しない
must not	～してはいけない
should not	～しないほうがよい、～すべきではない
may not	～しないかもしれない、～してはいけない

例 You must not **use** this computer.

（あなたたちはこのコンピューターを使ってはいけません。）

重要度 ▮▮▮▮▮ まちがえやすさ ▮▮▮▮▮

Q.5

ⓑのほうが正しい。

「今日はケンと彼の弟が夕食を作らなければなりません。」

ⓐ Ken and his brother have to make dinner today.

ⓑ Ken and his brother has to make dinner today.

〇か✕か。

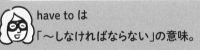
have to は
「〜しなければならない」の意味。

A.5

ⓐ が正しい。
主語が複数なのでhave to。

💡 主語が3人称単数のときだけhas to。

「～しなければならない」の表し方

「～しなければなりません」は、助動詞のmustと同じような意味をもつ〈have to+動詞の原形〉の形でも表すことができる。have toは[ハフトゥ]や[ハフタ]のように読む。

have toは主語が3人称単数のときには、has toで表す。has toは[ハストゥ]や[ハスタ]のように読む。

例 Ken and his brother **have to make** dinner today.
（今日はケンと彼の弟が夕食を作らなければなりません。）
Ken **has to make** dinner today.
（今日はケンが夕食を作らなければなりません。）

上の例文は主語がKen and his brotherで複数だからhave to、下の例文は主語がKenで単数だから has to になっているんだね。

mustとhave[has] to

mustとhave[has] toはどちらも「～しなければなりません」という意味で使う。

この2つの表現には多少の意味のちがいがある。mustは話し手自身の決意を表して「～しなければならない」、have toは規則や周りの状況などによって「～せざるを得ない」というときに使われる。

重要度　🟦🟦🟦⬜⬜　　　まちがえやすさ　🟦🟦🟦⬜⬜

Q.6

「急がなくてもいいよ。」は ⓑ のほうである。

ⓐ You must not hurry.
ⓑ You don't have to hurry.

○か✕か。

must not と don't have to の
意味のちがいは?

A.6

「〜しなくてもよい」は、don't have to。

💡 must notは禁止を表す。

👩 mustの否定文

mustは話し手自身の決意を表して、「〜しなければならない」というときに使う。また、否定形のmust notは禁止を表して「〜してはいけない」の意味になる。

例
You must not **open** this window.
(あなたたちはこの窓を開けてはいけません。)

👩 have[has] toの否定文

have toは「〜しなければならない」の意味を表すが、否定形のdon't[do not] have toは不必要を表して「〜する必要はない、〜しなくてもよい」の意味になる。主語が3人称単数のときに使うhas toの否定形は、doesn't[does not] have toになる。

例
I don't have to **join** the meeting today.
(私は今日、会議に参加する必要はありません。)

My father doesn't have to **go** to work today.
(父は今日、仕事に行く必要がありません。)

must notは「〜しなければならなくない」という意味じゃないんだね。

● 禁止を表すmust notの短縮形はmustn'tで表す。
You mustn't **go** out now.
(今、外出してはいけません。)

● have[has] toの疑問文
have[has] toの疑問文は、〈Do[Does]+主語+have to+動詞の原形 〜?〉で表し、「〜しなければなりませんか。」の意味。
Do I have to **stay** home?
—No, you don't have to.
(私は家にいなければなりませんか。—いいえ、その必要はありません。)

POINT

must not[mustn't] ⟶ 「〜してはいけない」
don't[doesn't] have to ⟶ 「〜する必要はない、〜しなくてもよい」

重要度 ▮▮▮▮▮ まちがえやすさ ▮▮▮▮▮

Q.7

次の英語は正しい。

I like play video games.
（私はテレビゲームをするのが好きです。）

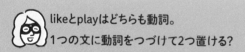
likeとplayはどちらも動詞。
1つの文に動詞をつづけて2つ置ける?

〇か✕か。

A.7

playではなく、to playかplayingにする。

💡 to 〜や〜ingは「〜すること」の意味。

👹一般動詞は2つ並べて使える?

「私はテレビゲームが好きです。」は、I like video games.のように表し、動詞 like のあとに名詞の video games が続く。

「私はテレビゲームをするのが好きです。」を英語で表すときは、I like のあとに「(ゲーム)をする」の意味を表す動詞 play を直接続けることはできない。

このようなときは「〜すること」という意味を表す〈to+動詞の原形〉の形を使って、I like to play video games.のようにいう。

例 I **love to** bake cakes.
(私はケーキを焼くのが大好きです。)

👹名詞的用法の不定詞

この〈to+動詞の原形〉を不定詞といい、主語がどのような場合でもこの形はかわらない。

「〜すること」の意味を表す不定詞は、名詞のようなはたらきをすることから、名詞的用法と呼ばれる。

例 My sister **loves to** sing.
(私の姉は歌うことが大好きです。)

ふつう動詞は続けて2つ置けないんだ。

「〜すること」は 〜ing でも表せるよ(→p.94)。

主語が3人称単数の場合でも、不定詞〈to+動詞の原形〉の部分は変化しないよ。

重要度 ■■■■　まちがえやすさ ■■■■

Q.8

ⓐ のほうが正しい。

「日本にはするべきおもしろいことがたくさんあります。」

ⓐ There are a lot of interesting things to do in Japan.

ⓑ There are a lot of to do interesting things in Japan.

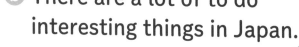

 「するべき」という意味の to do は どんなことばのあとに置くのかな。

A.8

to doは、名詞（代名詞）のあとに置く。

💡 日本語の語順とは逆になる。

「～するべき○○」

不定詞は「～すること」の意味を表すほかに、
「～するべき」「～するための」という意味を表して、
前の名詞や代名詞を修飾するはたらきもする。

例 **many books** to read
（たくさんの読むべき本）

something to eat
（何か食べるもの）

time to leave
（出発する時間）

〈（代）名詞＋to＋動詞の原形〉
の語順になるんだね。日本語と
は順番が逆!

形容詞的用法の不定詞

この〈to＋動詞の原形〉は、名詞や代名詞を修飾
するはたらきをすることから、形容詞的用法の不定
詞と呼ばれる。

文中ではいつも〈to＋動詞の原形〉の形で使い、
主語がどのような場合でもこの形はかわらない。

例 It's **time** to go to bed.
（もう寝る時間ですよ。）

Is there **anything** to eat in the fridge?
（冷蔵庫に何か食べるものはありますか。）

●形容詞的用法の注意すべき語順
「何か飲むもの」
something to drink
「何か温かい飲み物」
something **hot** to drink
※形容詞的用法はふつう〈（代）名詞
＋to＋動詞の原形〉で表すが、代名
詞 something/anything/nothing
などに形容詞（hot/cold/niceな
ど）をつけるときは、〈代名詞＋形容
詞＋to＋動詞の原形〉の語順になる。

重要度 ▮▮▮▮▮ まちがえやすさ ▮▮▮

Q.9

次の英語はどちらも正しい。

「その試験に受かるために、私は一生懸命勉強しました。」

ⓐ To pass the exam, I studied hard.
ⓑ I studied hard to pass the exam.

○か✕か。

to pass the examが修飾するのは
どのことば?

A.9

「～するために」の位置は、文頭、文末のどちらでも可。

💡「勉強しました」を修飾する副詞の働き。

👓「～するために」も不定詞で

不定詞は「～すること」「～するべき[するための]」の意味を表すほかに、「～するために」という意味で目的を表すはたらきもする。

この不定詞は副詞のようなはたらきをすることから、副詞的用法の不定詞と呼ばれる。

例 I went to America **to study** English.
（私は英語を勉強するためにアメリカに行きました。）

Ken got up early **to go** fishing.
（ケンは魚釣りをしに行くために早起きしました。）

> 「英語を勉強するために」の部分は「（アメリカに）行きました」という動詞のまとまりを修飾するので、副詞のはたらきをしているね。

👩目的を表す〈to+動詞の原形〉はどこに置く?

「その試験に受かるために、私は一生懸命勉強しました。」は、目的を表す副詞的用法の不定詞を使って表すことができる。日本語と同じように、文のはじめに置いて、主語の前でコンマ(,)で区切って表すこともできるし、文の終わりに置くこともできる。

例 **To pass** the exam, I studied hard.
= I studied hard **to pass** the exam.
（その試験に受かるために、私は一生懸命勉強しました。）

> to pass the exam をひとつのかたまりのように考えよう。

重要度 ☐☐☐ まちがえやすさ ☐☐☐

Q:10

初対面のあいさつとして正しいのは ⓑ のほうである。

「お会いできてうれしいです。」
ⓐ I'm glad meet you.
ⓑ I'm glad to meet you.

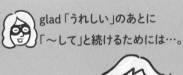

◯か✕か。

glad「うれしい」のあとに
「〜して」と続けるためには…。

89

A.10

meetではなく、 to meetにする。

💡 〈感情を表す語+to+動詞の原形〉の形。

😀「〜して(うれしい)」も不定詞で

I'm **glad** to meet you.のように、感情を表す形容詞(この文ではglad)のうしろに〈to+動詞の原形〉がつづくと、「〜して(うれしい)」の意味でその感情になった原因を表す。

例1 I'm **glad** to meet you.
(お会いできてうれしいです。)

😀感情を表す形容詞

「〜して(うれしい)」のような表現で使われる感情を表す形容詞には、次のようなものがある。

例1 John was surprised **to see** Ms. Miller there.
(ジョンはそこでミラーさんに会って驚きました。)

They were excited **to hear** the news.
(彼らはその知らせを聞いてわくわくしました。)

●感情の原因を表す不定詞としてよく使われる〈to+動詞の原形〉
・to know (〜を知って)
・to learn (〜を知って)
・to find (〜がわかって)
・to hear (〜を聞いて)
・to see (〜を見て、〜に会って)

●感情を表す形容詞
・glad (うれしい)
・happy (うれしい、幸せな)
・sad (悲しい)
・surprised (驚いて)
・excited (わくわくして)
・sorry (申しわけなくて)

> **POINT**
>
> 不定詞〈to+動詞の原形〉の意味のまとめ
> ・「〜すること」(名詞的用法)
> ・「〜するべき」「〜するための」(形容詞的用法)
> ・「〜するために〈目的〉」「〜して〈感情の原因〉」(副詞的用法)

重要度 　　　　　　　　　　まちがえやすさ

Q.11

（　　　　）に入る英語は how である。

「私は箸の使い方を習いたい。」
I want to learn （　　　） to use chopsticks.

○か✕か。

「やり方, 手順」は
「ハウツー本」で学べるね。

A.11

「〜のしかた」は how to 〜 で表す。

💡 〈疑問詞+to+動詞の原形〉の形。

「やり方、手順」は?

「私は箸の使い方を習いたい。」のように、「〜のしかた、やり方」は〈how to+動詞の原形〉で表す。toのうしろに置く動詞によって、さまざまな意味を表せる。

例 I want to learn **how to use** chopsticks.
（私は箸の使い方を習いたい。）

how to swimだったら、「泳ぎ方」という意味になるね。

〈疑問詞+to+動詞の原形〉

〈to+動詞の原形〉の前に疑問詞を置くと、「いつ〜するべきか」「どこで[に、へ]〜するべきか」「何を〜するべきか」のような意味を表せる。

例 I know **when to leave** here.
（私はいつここを出発するべきか知っています。）
We want to know **where to get off** the train.
（私たちはどこで電車を降りるべきか知りたい。）
Nick knows **what to do** next.
（ニックは次に何をするべきか知っています。）

〈疑問詞+to+動詞の原形〉

〜のしかた、やり方	how to 〜
いつ〜するべきか	when to 〜
どこで[に、へ]〜するべきか	where to 〜
何を〜するべきか	what to 〜

POINT

「〜のしかた」はhow to 〜で表す。

重要度 ▮▮▮▮▮ まちがえやすさ ▮▮▮▮▮

Q.12

「きのう私はバスケットボールをして楽しみました。」は ⓑ のほうである。

ⓐ I enjoyed playing basketball yesterday.
ⓑ I enjoyed to play basketball yesterday.

〇か✕か。

enjoyのあとには、
〜ingとto 〜のどちらがつづくかな。

A.12

ⓐ が正しい。
enjoyのあとは〜ing。

💡「〜して楽しむ」はenjoy 〜ing。

「〜すること」は動詞のing形でも表せる

動詞のing形は「〜すること」という意味を表す。この動詞のing形は動名詞と呼ばれる。

例
I like playing the piano.
（私はピアノを弾くのが好きです。）
My hobby is taking photos.
（私の趣味は写真を撮ることです。）
Mai practiced the piano before doing her homework.
（マイは宿題をする前にピアノの練習をしました。）
Reading books is a lot of fun.
（本を読むことはとても楽しい。）

「〜することを楽しむ」は〈to+動詞の原形〉を使う?

「バスケットボールをすることを楽しむ」は✕enjoy to play basketballではなく enjoy playing basketballで表す。enjoyは、あとに動名詞はくるが、不定詞〈to+動詞の原形〉はこない動詞。また、wantのように、あとに不定詞はくるが、動名詞はこない動詞もある。

例 I **want** to go there. （私はそこに行きたい。）

「〜すること」は不定詞でも動名詞でも表せるけど、使い方に注意が必要!

●あとに動名詞がくる動詞
・enjoy 〜ing （〜するのを楽しむ）
・finish 〜ing （〜し終える）
・stop 〜ing （〜するのをやめる）
We **finished** eating lunch.
（私たちは昼食を食べ終えました。）

●あとに不定詞がくる動詞
・want to 〜 （〜したい）
・hope to 〜 （〜することを望む）
I **hope** to win.
（私は勝ちたいと思います。）

●あとに動名詞も不定詞もくる動詞
・like （〜するのが好きだ）
・love （〜するのが大好きだ）
・begin （〜し始める）
・start （〜し始める）
He **loves** to travel.
≒ He **loves** traveling.
（彼は旅行をするのが大好きです。）

重要度 | まちがえやすさ

Q:13

次の英語はどちらも正しい。

「私は、彼はよいサッカー選手だと思います。」

ⓐ I think he is a good soccer player.

ⓑ I think that he is a good soccer player.

〇か✕か。

thatはあってもなくてもいいのかな…。

95

文と文をつなぐthatは、省略しても意味は変わらない。

文と文をつなぐことば

I think（私は思います）という文と、he is a good soccer player（彼はよいサッカー選手です）という文をつなげるときthatを使う。

このthatは省略しても文の意味は変わらない。

例
I think **that** he is a good soccer player.
= I think he is a good soccer player.
（私は、彼はよいサッカー選手だと思います。）

接続詞thatとよく使われる動詞

接続詞thatの前には、think以外にも次のような動詞を使うことが多い。
know（知っている）/learn（わかる、学ぶ）/believe（信じる）/say（言う）/hope（望む）/feel（感じる）/show（示す）/mean（意味する）/hear（聞く）など

例
I **know** (that) she is kind.
（私は、彼女が親切だと知っています。）

She **said** (that) this book was interesting.
（彼女はこの本はおもしろいと言いました。）

※thatの前の動詞が過去形のとき、thatのあとの文の動詞も過去形にすることが多い。

文と文をつなげるthatは接続詞と呼ばれるよ。「あの」とか「あれ」という意味のthatとは別モノだから注意しよう。

●いろいろな接続詞
接続詞は、単語と単語、文と文などをつなぐはたらきをする語。
・～ and …（～と…、～そして…）
・～ or …（～または…）
・～, but …（～しかし…）
・～, so …（～それで[だから]…）

●〈主語+be動詞+形容詞+(that)+主語+動詞 ～.〉
・I'm sure (that)+主語+動詞 ～.「私は～だと確信している。」
・I'm afraid (that)+主語+動詞 ～.「残念ながら～だと思う。」
・I'm glad (that)+主語+動詞 ～.「私は～であることをうれしく思う。」

重要度 ▢▢▢　　　　　　　　まちがえやすさ ▢▢▢

Q.14

次の英語は正しい。

It was raining when I leave home.
（私が家を出たとき、雨が降っていました。）

 私が家を出たのはいつ?

○か✕か。

A.14

過去のことなので、leaveはleftにする。

💡 過去のことを表すとき、動詞は過去形。

👩「〜するとき」の意味を表す接続詞

「〜するとき（に）…」は接続詞のwhenを使って、〈…when 〜〉で表す。「〜」には〈主語+動詞〉の文の形が続く。

〈when 〜〉は文の前半にくることがある。そのときは、〈When 〜〉のあとにコンマ（,）を置いて区切る。

> 例 It was raining when I left home.
> = When I left home, it was raining.
> （私が家を出たとき、雨が降っていました。）

「いつ?」とたずねるwhenとは別モノだよ!

👩whenの中の内容が未来のときは?

「私が駅に着いたとき、あなたに電話します。」は、「着いた」という日本語にまどわされて過去形を使わないように注意する。この「着いたとき」というのは過去のことではなく未来のことを表している。ふつう未来のことはwillを使って表すが、時を表すwhen 〜の中では、たとえ未来のことを述べる場合でも動詞は現在形を使う。

> 例 When I arrive at the station, I will call you.
> （私が駅に着いたとき、あなたに電話します。）

when 〜の中では未来のことでも現在形で表すんだね。

POINT

「〜するとき（に）…」 ⟶ 接続詞のwhenを使う。
〈When+主語+動詞 〜, ….〉か〈… when+主語+動詞 〜.〉

重要度 | まちがえやすさ

Q.15

ⓑのほうが正しい。

「ユカはあまりにも疲れていたので、きのう買い物に出かけませんでした。」

ⓐ Because Yuka didn't go shopping yesterday, she was too tired.

ⓑ Yuka didn't go shopping yesterday because she was too tired.

 because 〜は「〜ので」。

○か✗か。

A.15

「〜ので」と理由をいうとき、〈because+主語+動詞〜〉。

💡 文の前半にも後半にも置かれる。

👧「〜ので」の意味を表す接続詞

「ユカはあまりにも疲れていたので、きのう買い物に出かけませんでした。」のように、理由を述べるときには、接続詞のbecauseを使う。becauseは直後に理由を表す内容をつづけて、〈…because+主語+動詞 〜.〉か〈Because+主語+動詞 〜, ….〉で表す。

理由は、先に述べてもあとに述べてもいい、ということだね。ただし、先に述べるときには区切りのコンマ(,)を置くんだね。

例
Yuka didn't go shopping yesterday **because** she was too tired.
=**Because** Yuka was too tired, she didn't go shopping yesterday.
(ユカはあまりにも疲れていたので、きのう買い物に出かけませんでした。)

👧Why 〜?に答えるとき

「なぜあなたは朝食をぬいたのですか。」のように、「なぜ」に答えるときにもbecauseを使って、〈Because+主語+動詞 〜.〉の形で表す。

Why 〜?に理由ではなく目的を答えるときは、To 〜.ということもあるよ(→p.137)。

例
Why did you skip breakfast this morning?
(なぜあなたは今朝、朝食をぬいたのですか。)
— **Because** I got up late.
(なぜならば私は遅く起きたからです。)

POINT

「〜ので…」⟶ 接続詞の because を使う。
〈Because+主語+動詞 〜,….〉か〈… because+主語+動詞 〜.〉

重要度 ◻◻◻◻◻　　　　まちがえやすさ ◻◻◻◻◻

次の英語は正しい。

I'm going to stay home if it will rain tomorrow.
（もし明日雨が降れば、私は家にいるつもりです。）

〇か✕か。

if 〜の中で未来のことを表すときは?

A.16

✕ will rainではなく、rainsにしないといけない。

💡 if ～は条件を表すので、現在形でよい。

「もし～ならば」の意味を表す接続詞

「もしあなたがこの本をほしければ、私が買ってあげます。」のように、条件を述べるときには、接続詞のifを使う。if は直後に条件を表す内容をつづけて、〈If+主語+動詞 ～, ….〉か〈… if+主語+動詞 ～.〉で表す。

例 If you want this book, I will get it for you.
　=I will get this book for you if you want it.
　（もしあなたがこの本をほしければ、私が買ってあげます。）

ifの中の内容が未来のときは?

「もし明日雨が降れば、私は家にいるつもりです。」は、明日のことを言っているが、willは使わないように注意する。この文は「雨が降ったら」という条件を表している。条件を表すif ～の中では、たとえ未来のことでも動詞は現在形を使う。

> if ～の中にtomorrowがあるのに動詞は現在形を使うんだね。

例 I'm going to stay home if it rains tomorrow.
　=If it rains tomorrow, I'm going to stay home.
　（もし明日雨が降れば、私は家にいるつもりです。）

POINT
「もし～ならば…」━━▶ 接続詞の if を使う。
〈If+主語+動詞 ～,….〉か〈… if+主語+動詞 ～.〉

実力がついたかどうか確かめよう

中2 **確認テスト3**

100点満点
答えはp.200

1 次の日本語にあう英文になるように、（ ）内の
適する語(句)に○をつけなさい。

2点×4

(1) 彼女は次の日曜日にテニスをする予定です。
She is going to (play ／ plays) tennis next Sunday.

(2) あなたたちは今日、家にいなければなりません。
You must (are ／ be) at home today.

ミス注意 (3) 今日はミホと妹が食器を洗わなければなりません。
Miho and her sister (have ／ has) to wash the dishes today.

(4) 私はギターを弾くのが好きです。
I like (play ／ to play) the guitar.

2 次の日本語にあう英文になるように、（ ）に
適する語を書きなさい。

1点×10

(1) 明日は晴れるでしょう。
It will ( ) sunny tomorrow.

(2) 心配しなくてもいいよ。
You ( ) have to worry.

よく出る (3) 私はこのゲームのやり方を知りません。
I don't know ( ) to play this game.

(4) 私たちはきのうサッカーをして楽しみました。
We enjoyed ( ) soccer yesterday.

(5) あなたは新聞を読んだほうがいい。
You ( ) read the newspaper.

(6) 彼女の趣味は花の写真を撮ることです。
Her hobby is ( ) photos of flowers.

(7) 私が家を出たとき雪が降っていました。
It was snowing ( ) I left home.

103

私は疲れていたので、早く寝ました。

I went to bed early (　　　　　) I was tired.

(9) 明日もし雨が降ったら、私は図書館で勉強します。

I will study in the library if it (　　　　　) tomorrow.

(10) 私は何をすべきかわかりません。

I don't know (　　　　) to do.

3 次の日本語にあう英文になるように、(　)内の語(句)を 並べかえて、正しい順に番号を書きなさい。 6点×4

(1) 彼は次の夏にカナダを訪れるつもりですか。

(① visit　② will　③ Canada　④ next　⑤ he) summer?

〔　　　→　　　→　　　→　　　→　　　〕

(2) ここには見るべき楽しいものがたくさんあります。

There are (① a lot of　② interesting　③ see　④ to　⑤ things) here.

〔　　　→　　　→　　　→　　　→　　　〕

(3) いつかアメリカに行くために、私は英語を勉強しています。

(① English　② study　③ to　④ I　⑤ go) to America someday.

〔　　　→　　　→　　　→　　　→　　　〕

よく出る (4) 彼女はよい看護師だと私は思います。

I (① a　② nurse　③ she's　④ good　⑤ think).

〔　　　→　　　→　　　→　　　→　　　〕

4 次の日本文を、(　)内の指示にしたがって英語に直しなさい。 7点×4

(1) あなたたちはこの部屋を使ってはいけません。(must を使って)

〔　　　　　　　　　　　　　　　　　　　　　　　　　　　〕

(2) あなたは来週、沖縄を訪れる予定ですか。(be going to を使って)

〔　　　　　　　　　　　　　　　　　　　　　　　　　　　〕

(3) 私は医師になりたいと思っています。

〔　　　　　　　　　　　　　　　　　　　　　　　　　　　〕

(4) 私はその知らせを聞いてうれしい。

〔　　　　　　　　　　　　　　　　　　　　　　　　　　　〕

重要度 まちがえやすさ

Q.17

My mother is older than my aunt.
年上なのは「私のおば」のほうである。

○か×か。

thanの前で区切って考えよう。

46 42

A.17

My mother「私の母」が
older「年上」なのである。

💡 than ～は「～よりも」。

2つのもの・2人の人を比べる

2つのものや2人の人を比べて、「AはBよりも～
です。」というときには、〈A is+形容詞の比較級
than+B.〉の形で表す。〈than B〉は「Bよりも」の意
味で、Bには比べる相手がくる。

次の例文の赤字部分が形容詞の比較級。

比較級は形容詞の語尾に-erが
ついてるね。

例 Taro is taller **than** Jiro.
(タロウはジロウよりも背が高い。)

These bags are smaller **than** mine.
(これらのバッグは私のよりも小さい。)

Mt. Fuji is higher **than** Mt. Aso.
(富士山は阿蘇山よりも高い。)

形容詞の比較級

形容詞の比較級には、形容詞の語尾に-(e)r を
つけるものと、形容詞の前にmoreを置くものがあ
る。つづりが長めの形容詞の場合、前にmoreを置
く。

つづりが長めの形容詞だと、前
にmoreを置くんだよ!

例 Soccer is **more popular than** baseball in my class.
(私のクラスでは、サッカーは野球よりも人気があります。)

This book is **more difficult than** that one.
(この本はあの本よりも難しい。)

重要度 ▮▮▮▮ まちがえやすさ ▮▮▮

Q.18

「テッドはデイヴィッドよりも
速く泳げます。」は **b** のほう
である。

a Ted can swim faster than David.
b Ted can faster swim than David.

「テッドは速く泳げます。」を
英語でいうと?

○か✕か。

A.18

ⓐ が正しい。faster than ～を Ted can swimのあとにつづける。

💡 Ted can swim fast. をもとに考える。

👩 副詞の比較級

　形容詞の比較級と同じように、副詞にも比較級があり、副詞の語尾に-(e)rをつけるものと、副詞の前にmoreを置くものがある。つづりが長めの副詞の場合、前にmoreを置く。

　「～よりも」と比べる相手を表すときは、than ～の形で表す。

副詞の比較級も、語尾に-(e)rがつくものと、前にmoreを置くものがあるんだね。

例 Ted can swim **faster than** David.
(テッドはデイヴィッドよりも速く泳げます。)

I got up **earlier than** my mother.
(私は母よりも早く起きました。)

Aya speaks English **better than** Mana.
(アヤはマナよりもじょうずに英語を話します。)

Could you speak a little **more slowly**?
(もう少しゆっくり話していただけませんか。)

better(よりじょうずに)は、well(じょうずに)の比較級。wellは不規則に変化する副詞なんだ。

👩 〈like ～ better (than …)〉の文

　「(…よりも)～が好きです」というときは、〈like ～ better (than …)〉の形を使って表す。

例 I like summer **better than** winter.
(私は冬よりも夏が好きです。)

重要度 ⬜⬜⬜⬛⬜ まちがえやすさ ⬜⬜⬜⬜⬜

Q.19

ⓐ のほうが正しい。

「富士山は日本でいちばん高い山です。」
ⓐ Mt. Fuji is the highest mountain in Japan.
ⓑ Mt. Fuji is highest mountain in Japan.

○か✕か。

 highest は最上級だから…。

109

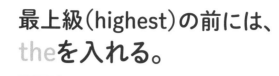

A.19

最上級（highest）の前には、theを入れる。

💡「いちばん〜」と限定できるものにはthe。

👩3つ以上・3人以上を比べて「いちばん〜」は最上級

「富士山は日本でいちばん高い山です。」のように、ほかと比較して「いちばん〜」というときには最上級を使って表す。最上級には、形容詞・副詞の語尾に-(e)stをつけるものと、形容詞・副詞の前にmostを置くものがある。つづりが長めの形容詞・副詞の場合、前にmostを置く。

例
Mt. Fuji is **the highest** mountain in Japan.
（富士山は日本でいちばん高い山です。）

Yuta runs **the fastest** in our class.
（ユウタは私たちのクラスでいちばん速く走ります。）

This book is **the most exciting** of the three.
（この本は3冊の中でいちばんおもしろい。）

Beth eats **the most slowly** in her family.
（ベスは家族の中でいちばんゆっくりと食事をします。）

👩〈like 〜 (the) best〉の文

「〜がいちばん好きです」というときは、〈like 〜 (the) best〉の形を使って表す。

例
I like summer (the) best of all seasons.
（私はすべての季節の中で夏がいちばん好きです。）

「いちばん〜」というときにはふつう、最上級の前にtheを入れるよ。

●最上級がmost 〜の形をとる形容詞・副詞
・interesting（おもしろい）
・exciting（おもしろい、興奮させる）
・beautiful（美しい）
・difficult（難しい）
・famous（有名な）
・popular（人気のある）
・slowly（ゆっくりと）
・clearly（はっきりと）

●副詞の最上級
副詞の最上級の場合、前にtheをつけないこともある。
Tom can swim fastest in my class.
（トムは私のクラスでいちばん速く泳げます。）

重要度 ▨▨▨▨▨▨ まちがえやすさ ▨▨▨▨▨▨

Q.20

次の英語は正しい。

Could you speak a little slowlier?
（もう少しゆっくり話していただけませんか。）

○か✕か。

「ゆっくりと」は slowly。
比較級はどんな形で表すのかな？

A.20

slowlierはまちがい。
比較級はmore slowly。

💡 slowlyはmore-most型。

比較級と最上級の形

比較級は-erかmore 〜の形で、最上級は-estかmost 〜の形になる。

■-er/-estで終わる比較級・最上級

語尾	つくり方	例
ふつうの語	er/est をつける	old(古い)→ older / oldest long(長い)→ longer / longest
eで終わる語	r/st をつける	large(大きい)→ larger / largest nice(すてきな)→ nicer / nicest
〈短母音＋子音字〉で終わる語	子音字を重ねて er/est をつける	big(大きい)→ bigger / biggest hot(熱い、暑い)→ hotter / hottest
〈子音字+y〉で終わる語	y を i にかえて er/est をつける	busy(忙しい)→ busier / busiest easy(簡単な)→ easier / easiest

■more/mostを前に置く比較級・最上級

・beautiful (美しい)→ more beautiful / most beautiful

・famous (有名な)→ more famous / most famous

・popular (人気のある)→ more popular / most popular

・slowly (ゆっくりと)→ more slowly / most slowly

　▶このほかimportant(重要な)、interesting(おもしろい)、difficult(難しい)、useful(便利な)、exciting(おもしろい、興奮させる)、wonderful(すばらしい)、careful(注意深い)、expensive(高価な)、clearly(はっきりと)などもmore-most型。

■不規則に変化する比較級・最上級

・good (よい、じょうずな) → better / best

・well (じょうずに)→ better / best

・many (多数の)、much (多量の) → more / most

重要度 まちがえやすさ

（　　　　）に入る英語はthan
である。

「彼は彼の弟と同じくらいの背の高さです。」
He's as tall（　　　）his brother.

○か×か。

 thanは「～よりも」という意味だよ。

A.21

thanではなく、
asを入れる。

💡 同程度は、as … as 〜 で表す。

👩 「〜と同じくらい…」は?

2つのものや2人の人が「〜と同じくらい…」というときには〈as … as 〜〉の形で表す。「…」の部分には形容詞・副詞のもとの形(原級)が入る。

My mother is as old as my father.は「母は父と同い年です。」の意味になるよ。

例 He's as **tall** as his brother.
(彼は彼の弟と同じくらいの背の高さです。)

This morning, I got up as **early** as my mother.
(今朝、私は母と同じくらい早く起きました。)

👩 「○倍」を表すとき

「この国は日本の2倍の広さです。」のように「〜の○倍の…」というときには、〈倍数+as … as 〜〉で表す。

●倍数を表すことば
「2倍」は twice で表し、3倍以上は、timesを使って、three times/four times …のように表す。また、「半分」は half を使う。

例 This country is **twice** as large as Japan.
(この国は日本の2倍の広さです。)

Yesterday I studied **half** as long as my brother.
(きのう私は兄の半分の時間勉強しました。)

POINT

「〜と同じくらい…」 ⟶ 〈as+原級+as 〜〉
「〜の○倍の…」 ⟶ 〈倍数+as+原級+as 〜〉

114

Q.22

次の英語を表す日本語は
b である。

This question is not as difficult as that one.

a 「この問題はあの問題と同じくらい難しくない。」

b 「この問題はあの問題ほど難しくない。」

 not as … as ～は、主語が～と同程度ではないということだよ。

 ○か✕か。

A.22

not as … as 〜で、「〜ほど…ではない」の意味。

〈not as … as 〜〉の意味は?

〈as … as 〜〉は「(主語)が〜と同じくらい…」の意味で、2つのもの[2人]が同じ程度であることを表す。これを否定形にした〈not as … as 〜〉は、「(主語)が〜と同程度ではない」ということから「(主語)は〜ほど…ではない」の意味になる。

例 This question is not as **difficult** as that one.
(この問題はあの問題ほど難しくない。)

Meg can't play the piano as **well** as her sister.
(メグは彼女の姉ほどじょうずにピアノを弾けません。)

「〜と同じくらい…ではない」という意味じゃないんだね。

〈not as … as 〜〉を比較級で表すと

「この問題はあの問題ほど難しくない。」という文は、「この問題はあの問題よりも簡単だ。」と言い換えられる。また、主語を「あの問題」にして、「あの問題はこの問題よりも難しい。」といっても同じような内容が表せる。

例 This question is not as **difficult** as that one.
(この問題はあの問題ほど難しくない。)

≒ This question is **easier than** that one.
(この問題はあの問題よりも簡単だ。)

≒ That question is **more difficult than** this one.
(あの問題はこの問題よりも難しい。)

A〈B

POINT

〈not as + 原級 + as 〜〉 ⟶「〜ほど…ではない」

重要度 ▮▮▮▮▮　　　　まちがえやすさ ▮▮▮▮▮

Q.23

（　　　）に入る英語は of である。

「彼女が3人の中でいちばん人気があります。」
She's the most popular （　　　） the three.

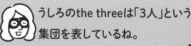

うしろのthe threeは「3人」という
集団を表しているね。

〇か✕か。

of 〜は、「（数・すべて）の中で」の意味。

💡 in 〜は「（場所・範囲）の中で」。

「〜の中でいちばん…」の「〜の中で」は？

「（〜の中で）いちばん…」というときには最上級を使う。「〜の中で」を表すときにはうしろに置かれる語句によってofとinを使い分ける。

ofのうしろには「**数・すべて**」を表す語句を置き、inのうしろには「**場所・範囲**」を表す語句を置く。

> ofのうしろには「数・すべて」を表す語句を置くからthe three、all、all subjectsなどがくるよ。
> inのうしろには「場所・範囲」を表す語句を置くからJapan、the world、our classなどがくるよ。

例 She's **the most popular** of the three.
（彼女が3人の中でいちばん人気があります。）
The Shinano River is **the longest river** in Japan.
（信濃川は日本でいちばん長い川です。）

その他の比較の文

比較級や最上級を使った表現には、次のようなものもある。

■〈比較級+than any other+名詞の単数形〉→「ほかのどの〜よりも…」

例 Lake Biwa is **larger than any other lake** in Japan.
（琵琶湖は日本のほかのどの湖よりも大きい。）

■〈Which is 比較級, A or B?〉→「AとBでは、どちらのほうが〜ですか。」

例 Which is **larger,** China or Canada? — Canada is.
（中国とカナダでは、どちらのほうが広いのですか。―カナダです。）

POINT
最上級で使う「〜の中で」 ⟶ 〈of+数・すべて〉か〈in+場所・範囲〉

重要度　　　　　　　　　　まちがえやすさ

Q.24

（　　　　）には **a** が入る。

「京都は毎年多くの観光客に訪問されます。」
Kyoto is （　　　　） by many tourists every year.

a visiting　　**b** visited

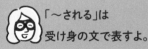

「〜される」は
受け身の文で表すよ。

〇か✕か。

A.24

visitingではなく、過去分詞のvisitedを入れる。

💡 受け身は〈be動詞＋過去分詞〉で表す。

👾「～される」は受け身

①「毎年多くの観光客が京都を訪問します。」と、②「京都は毎年多くの観光客に訪問されます。」にはどんなちがいがあるのだろう。

2つの文の主語は①が「観光客が」、②が「京都は」である。また述語は①が「訪問します」、②が「訪問されます」である。

②のように「〔主語は〔が〕〕～される〔されている〕」の意味になる形は受け身と呼ばれ、〈be動詞＋過去分詞〉を使って表す。

例
① Many tourists visit Kyoto every year.
② Kyoto is visited by many tourists every year.

👾「…によって～される」

「京都は毎年多くの観光客に訪問されます。」のように、受け身の文で「だれによって」されるのかを明確に表すときには、〈be動詞＋過去分詞〉のあとに〈by＋人〉を置く。

● 過去分詞の形
　大部分の動詞の過去分詞は過去形と同じ形。
【規則動詞】
過去分詞と過去形は同じ形。
・**visit**（訪れる）－visited（過去形）－visited（過去分詞）
【不規則動詞】
過去形と同じものもあればちがうものもある。1つ1つ覚えよう。
・**write**（書く）－wrote（過去形）－written（過去分詞）
・**read**（読む）－read［レッド］（過去形）－read［レッド］（過去分詞）
・**sing**（歌う）－sang（過去形）－sung（過去分詞）
・**build**（建てる）－built（過去形）－built（過去分詞）
・**speak**（話す）－spoke（過去形）－spoken（過去分詞）
・**give**（与える）－gave（過去形）－given（過去分詞）
・**take**（とる）－took（過去形）－taken（過去分詞）
・**make**（作る）－made（過去形）－made（過去分詞）

POINT

受け身：「（…によって）～される」 ⟶ 〈be動詞＋過去分詞＋（by …）〉

重要度　　　　　　　　　　　　まちがえやすさ

Q.25

「この国では英語とフランス語が使われています。」は **b** のほうである。

a English and French is used in this country.

b English and French are used in this country.

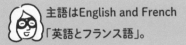

主語はEnglish and French
「英語とフランス語」。

◯か✕か。

English　French

A.25

主語が複数で現在の文なので、be動詞はare。

💡 be動詞は主語によって使い分ける。

👩 受け身のbe動詞の使い分け

「（主語は［が］）〜される［されている］」は、〈be動詞＋過去分詞〉の形を使って表す。be動詞は主語によってam/is/areを使い分ける。

例 I am called Taku.
（私はタクと呼ばれています。）

This gate is opened at seven.
（この門は7時に開けられます。）

These rooms are cleaned every day.
（これらの部屋は毎日掃除されています。）

主語とbe動詞（現在形）

主語	be動詞
I	am
he / she など （I/you 以外の単数）	is
you/複数	are

受け身の文はbe動詞の文の一種だと考えればいいね。

👩 過去の受け身の文

「きのう、この門は6時に開けられました。」のように、過去の受け身の文は、be動詞を過去形にして、〈was/were＋過去分詞〉で表す。

例 This gate was opened at six yesterday.
（きのう、この門は6時に開けられました。）

These rooms were cleaned last night.
（昨夜これらの部屋は掃除されました。）

主語とbe動詞（過去形）

主語	be動詞
I	was
he / she など （I/you以外の単数）	was
you/複数	were

POINT

受け身の文のbe動詞は、主語と時制（現在か過去か）によって使い分ける。

重要度 ■■■□□ まちがえやすさ ■■■■■

Q.26

（　　　　）には **a** が入る。

「この写真はあなたのおじいさんが
撮ったのですか。」
Was this picture（　　　）by your
grandfather?

a took **b** taken

〇か✕か。

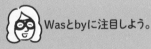
Wasとbyに注目しよう。

A.26

❌ ⓑ が正しい。受け身の疑問文なので過去分詞のtaken。

💡 take-took-taken

👩 受け身の疑問文

受け身の疑問文は、be動詞を主語の前に置いて〈Am/Is/Are/Was/Were+主語+過去分詞 ～?〉で表す。

例 Is this gate closed at eight?
（この門は8時に閉められますか。）

Was this story written by Liz?
（この物語はリズによって書かれたのですか。）

受け身で使われる過去分詞には、closedのように規則的に変化するものと、writtenのように不規則に変化するものがあるんだね。

👩 受け身の文はいつでも「～される」で表すの?

「この写真はあなたのおじいさんが撮ったのですか。」のような日本語を英語で表すとき、主語を「あなたのおじいさん（your grandfather）」とすると、Did your grandfather take this picture?で表すことができる。また主語を「この写真（this picture）」とすると、「この写真はあなたのおじいさんに（よって）撮られたのですか。」といいかえることができる。この場合は受け身を使って表す。

受け身の文で表すのか、ふつうの文（能動態）で表すのかは、主語が「～される」のか、主語が「～をする」のかによって決まるということなんだね。

例 Was this picture taken **by** your grandfather?
（この写真はあなたのおじいさんに撮られましたか。）
→「この写真はあなたのおじいさんが撮ったのですか。」と訳してもよい。

重要度 ▮▮▮▮▮　　　まちがえやすさ ▮▮▮▮▮

Q.27

次の英語にはまちがいがある。

She looks a doctor.
（彼女は医師のようです。）

○か✕か。

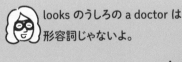 looks のうしろの a doctor は
形容詞じゃないよ。

a doctorの前に、
likeを入れる必要がある。

💡 〈look+形容詞〉、〈look like+名詞〉。

「〜に見える」は?

「彼女は眠い。」はShe is sleepy.で表すが、「彼女は眠そうだ[眠そうに見える]。」というときはShe looks sleepy.で表す。look はうしろに様子を表すことば(形容詞)を置くと、「〜に見える」の意味になる。

同じように、〈主語+動詞+形容詞〉の形をとる動詞には、become(〜になる)、get(〜になる)、sound(〜に聞こえる)、taste(〜の味がする)、feel(〜と感じる)などがある。

例 I became tired. (私は疲れました。)
That sounds interesting.
(それはおもしろそうです。)

ただし、becomeのあとには形容詞だけではなく名詞もくる。

例 She became a nurse.
(彼女は看護師になりました。)

「(名詞)のように見える」

lookのうしろに名詞を置いて、「〜のように見える」というときには、〈look like+名詞〉の形で表す。

例 She looks like a doctor.
(彼女は医師のように見えます。)

● SVCの文

She looks sleepy. のような〈主語(S)+動詞(V)+補語(C)〉の形はSVCの文と呼ばれる。この文での「補語」は主語(She)のことを説明する語(sleepy)で、補語には形容詞や名詞を置く。このSVCの文では、S=Cの関係が成り立つ(上の文なら、She=sleepy)。

Sはsubject(主語)、Vはverb(動詞)、C(補語)はcomplement(補語)の頭文字を表している。

soundはlookと同じように、うしろに名詞を置いて〈sound like+名詞〉の形をとるんだ。

重要度　　　　　　　　　　　　まちがえやすさ

Q.28

「エミは彼女の家族の写真を私に見せてくれました。」は ⓐ のほうである。

ⓐ Emi showed the photo of her family me.

ⓑ Emi showed me the photo of her family.

〇か✕か。

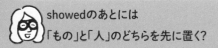
showedのあとには
「もの」と「人」のどちらを先に置く?

A.28

ⓑ が正しい。showed のうしろは「人」「もの」の順。

💡 〈show+人+もの〉。

「(もの)を(人)に見せる」

「写真を私に見せる」のように、「(もの)を(人)に見せる」は英語では、〈show+人+もの〉の語順で表す。「人」の部分に、「私に」のような代名詞を置く場合には、**目的格**を使う。

例 Can you show **me** those pictures?
(それらの写真を私に見せてくれませんか。)

〈主語+動詞+人+もの〉の形をとる動詞

showと同じように、うしろに〈人+もの〉を置く動詞には、次のようなものがある。

例 My aunt gave **me** this bag.
(おばがこのバッグを私にくれました。)

Please send **her** an e-mail.
(彼女にメールを送ってください。)

Ms. Ito teaches **us** English.
(イトウ先生は私たちに英語を教えています。)

He told **me** (that) I should watch the movie.
(彼は私にその映画を見たほうがいいと言いました。)

※上の文の「もの」は(that) I should watch the movieという文。

●SVOOの文

〈show+人(目的語)+もの(目的語)〉のように、動詞のうしろに目的語を2つ置く形はSVOOの文と呼ばれる。

Emi showed me the photo of her family. という文の場合、主語はEmi、動詞はshowed、目的語(人)はme、目的語(もの)はthe photo of her family となる。

Oはobject(目的語)の頭文字を表している。

●目的格の代名詞

me(私に)、us(私たちに)、you(あなたに、あなたたちに)、him(彼に)、her(彼女に)、it(それに)、them(彼らに、彼女らに、それらに)

〈主語+動詞+人+もの〉の形をとる動詞

動詞	意味
give	(人)に(もの)を与える
send	(人)に(もの)を送る
teach	(人)に(もの)を教える
tell	(人)に(もの)を伝える
buy	(人)に(もの)を買う

重要度 ▮▮▮▯▯　　　　　　　まちがえやすさ ▮▮▮▯▯

Q.29

I gave her a birthday present. と同じような意味を表すのは ⓐ のほうである。

ⓐ I gave a birthday present to her.
ⓑ I gave a birthday present for her.

giveには〈to + 人〉と〈for + 人〉のどっちを使うんだっけ？

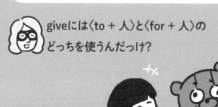

〇か×か。

A.29

give（あげる）には、for ではなく、toを使う。

💡 動詞によって to か for かが決まっている。

🦸‍♀️〈動詞+もの+to+人〉

〈動詞+人+もの〉の形をとるgiveやteachなどは、〈動詞+もの+to+人〉の形でもほぼ同じ内容を表せる。この形をとる動詞には、give/teach/show/send/tell などがある。

例
I gave her a birthday present.
≒ I gave a birthday present to her.
（私は彼女に誕生日プレゼントをあげました。）

🦸‍♂️〈動詞+もの+for+人〉

〈動詞+人+もの〉の形をとるmakeやbuyなどは、〈動詞+もの+for+人〉の形でもほぼ同じ内容を表せる。この形をとる動詞には、make/buy/cookなどがある。

例
Kate made me some cookies.
≒ Kate made some cookies for me.
（ケイトは私にクッキーを作ってくれました。）

● 「もの」がit、themのとき
「（人）に（もの）を～する」の「もの」のところに「それ（it）」や「それら（them）」がくる場合、〈動詞+もの+to/for+人〉の形はとることができるが、〈動詞+人+もの〉の形はとることができない。
O I gave it to her.
✗ I gave her it.
（私はそれを彼女にあげました。）

forをとる動詞のほうが、「人」に対して「（人のために）～してあげる」という意味合いが強くなるんだよ。

POINT

give/teach/show/send/tell → 〈動詞+もの+to+人〉の形
make/buy/cook → 〈動詞+もの+for+人〉の形

重要度 | まちがえやすさ

Q.30

「私たちは彼のことをアニキと呼びます。」は ⓐ のほうである。

ⓐ We call him Aniki.
ⓑ We call Aniki to him.

◯か✕か。

callは「〜を呼ぶ」の意味だね。

\ Aniki!! /

A.30

「(人)を〜と呼ぶ」は〈call＋人＋呼び名〉で表す。

「(人)を(呼び名)と呼ぶ」

「〜を呼ぶ」はcall 〜で表すが、「〜」のうしろに「呼び名」をつづけて〈call＋人＋呼び名〉とすると、「(人)を(呼び名)と呼ぶ」の意味を表せる。「人」の部分に代名詞を置く場合には、目的格を使う。また、このとき、「人」と「呼び名」はイコールの関係になっている。

例
We call him Aniki.
(私たちは彼のことをアニキと呼びます。)

Please call me Sae.
(私のことをサエと呼んでください。)

動詞のうしろに目的語と補語がつづく形

〈call＋人＋呼び名〉のような形をとる動詞には、ほかにmakeやnameがある。makeがこの形をとるとき、「AをBにする」の意味を表すことに注意。また、nameは「AをBと名づける」の意味を表す。

例
I made her angry. (私は彼女を怒らせました。)

She named her cat Momo.
(彼女は自分のネコをモモと名づけました。)

「人」と「呼び名」がイコールの関係とは、him(彼)＝Aniki(アニキ)っていうことだよ。

●SVOCの文

〈call＋人(目的語)＋呼び名(補語)〉のように動詞のうしろに目的語と補語がつづく形はSVOCの文と呼ばれる。We call him Aniki.という文の場合、主語(S)はWe、動詞(V)はcall、目的語(O)はhim、補語(C)はAnikiとなる。

SVOCの文での補語(C)は直前の目的語(O)のことを説明していて、O＝Cの関係が成り立つ。

左の例文のmadeは「〜を作った」という意味ではないんだね。それに、nameは名詞だけではなく、動詞としても使われるんだね。

中2

確認テスト 4

100点満点
答えはp.200

1 次の日本語にあう英文になるように、( )内の
適する語(句)に○をつけなさい。

2点×4

(1) テッドはこのクラスでいちばん背が高い生徒です。

Ted is the (taller / tallest) student in this class.

(2) グリーンさんは私の母と同い年です。

Ms. Green is as (old as / older than) my mother.

(3) 5問の中で問題4がいちばん難しい。

Question 4 is the most difficult (in / of) the five.

ミス注意 (4) この公園は週末には、多くの人に訪問されています。

This park is (visited / visiting) by many people on weekends.

2 次の日本語にあう英文になるように、( )に
適する語を書きなさい。

4点×10

(1) 私の犬はあなたの犬より小さいです。

My dog is ( ) than yours.

(2) 私は英語よりも数学が好きです。

I like math ( ) than English.

(3) この映画は3本の中でいちばんおもしろい。

This movie is the ( ) exciting of the three.

よく出る (4) あなたはどの季節がいちばん好きですか。

Which season do you like the ( )?

(5) 私は家族でいちばん年下です。

I'm the youngest ( ) my family.

(6) この学校では、英語とフランス語が使われています。

English and French ( ) used in this school.

(7) この寺院は1900年に建てられました。

This temple ( ) built in 1900.

133

(8) この物語はメグによって書かれたのですか。

Was this story (　　　　　) by Meg?

(9) 彼の弟はお父さんに似ています。

His brother looks (　　　　　) his father.

よく出る (10) 私はその花を母にあげました。

I gave the flowers (　　　　　) my mother.

---

3 次の日本語にあう英文になるように、（　）内の語を
並べかえて、正しい順に番号を書きなさい。　6点×4

(1) トムはジムより年上です。

(① Tom　② older　③ is　④ than　⑤ Jim).

〔　　　→　　　→　　　→　　　〕

ミス注意 (2) あなたのバッグは私のバッグの2倍の重さです。

Your (① is　② heavy　③ twice　④ bag　⑤ as) as mine.

〔　　　→　　　→　　　→　　　〕

(3) こちらは私たちの市のほかのどの図書館よりも大きい。

This is (① bigger　② than　③ any　④ library　⑤ other) in our city.

〔　　　→　　　→　　　→　　　〕

(4) 彼は家族の写真を私に見せてくれました。

He (① me　② photos　③ showed　④ of　⑤ his) family.

〔　　　→　　　→　　　→　　　〕

---

4 次の日本文を英語に直しなさい。　7点×4

(1) 私たちの国では、野球はサッカーよりも人気があります。

〔　　　　　　　　　　　　　　　　　　　　　　　　〕

(2) 私は兄よりも速く泳ぐことができます。

〔　　　　　　　　　　　　　　　　　　　　　　　　〕

(3) 日本はオーストラリア(Australia)ほど広くありません。

〔　　　　　　　　　　　　　　　　　　　　　　　　〕

(4) 私たちは彼をニッキー(Nicky)と呼びます。

〔　　　　　　　　　　　　　　　　　　　　　　　　〕

こっちの問題も
解けたら◎

1

「明日は晴れるでしょうか。」は b のほうである。

a Will it be sunny tomorrow?

b Will it's sunny tomorrow?

2

a のほうが正しい。

「もし明日雨ならば、彼は家にいないといけないでしょう。」

a He will have to stay home if it is rainy tomorrow.

b He will has to stay home if it is rainy tomorrow.

3

(   )には b が入る。

「ご注文を 承 りましょうか。—はい、お願いします。」

(   ) I take your order? — Yes, please.

a Shall　b Will

4

(   )には a が入る。

「入ってもよろしいですか。—はい、どうぞ。」

(   ) I come in? — Yes, certainly.

a May　b Will

5

(   )には a が入る。

「きのうは雨だったので、私は一日中家にいました。」

It was rainy yesterday, (   ) I stayed home all day.

a but　b so

A. 1 ✗

ⓐ が正しい。 willの疑問文は、

〈Will+主語+動詞の原形 ～?〉の形。

💡 it'sはit isの短縮形。be動詞は原形のbeにする。
助動詞の疑問文は助動詞を主語の前に置き、動詞は原形にする。

A. 2 ○

willのあとは動詞の原形なので、

hasではなくhave。

💡 未来のことについて「～しなければならないでしょう」というときは、〈will have to+動詞の原形〉の形で表す。✗〈will must+動詞の原形〉のように助動詞を2つつづけることはできない。

A. 3 ✗

ⓐ が正しい。

「(私が)～しましょう。」はShall I ～?。

💡 相手に「(私が)～しましょう。」と申し出るときには、Shall I ～?、「(私たちは)～しましょう。」と提案するときには、Shall we ～?を使う。

A. 4 ○

ていねいに許可を求めるときは、

May I ～?を使う。

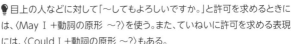

💡 目上の人などに対して「～してもよろしいですか。」と許可を求めるときには、〈May I +動詞の原形 ～?〉を使う。また、ていねいに許可を求める表現には、〈Could I +動詞の原形 ～?〉もある。

A. 5 ✗

ⓑ が正しい。

butは「しかし」、soは「だから」。

💡 前の文で理由を述べて、「だから」「それで」というときには so を使う。

136

次の英語にはまちがいがある。

I'm sure will pass the exam.

（私はきっと試験に受かると思います。）

次の英語は正しい。

「家に着いたら私に電話してください。」

Please call me when you got home.

（　　　）には a が入る。

「どうして駅に行ったのですか。―中国からの友達を出迎えるためです。」

Why did you go to the station?

― (　　　) meet a friend from China.

a Because b To

（　　　）には b が入る。

「阿蘇山と浅間山では、どちらのほうが高いのですか。―浅間山です。」

(　　　) is higher, Mt. Aso or Mt. Asama?

― Mt. Asama is.

a What b Which

次の英語にはまちがいがある。

Sam is taller than any other students in this class.

（サムはこのクラスのほかのどの生徒よりも背が高い。）

I'm sureのあとに、

◯ 主語の I が必要。

💡 〈I'm sure (that)＋主語＋動詞 ～.〉で、「きっと〈主語〉は～だと私は思います」。

「着いたら」は過去形の

✕ gotではなく、現在形の get で表す。

💡 「～したときに、(…する)」のように時を表すときは、未来のことでもwhenのうしろの動詞は現在形にする。「～したら」にまどわされないこと。

ⓑ が正しい。目的を答えて、

✕ 〈To＋動詞の原形 ～.〉(～するために)。

💡 because はうしろに〈主語＋動詞〉をつづけて、「～なので」という意味で理由を表す。

2つのうちの「どちら」は

◯ whichを使う。

💡 whatは不特定多数の中の「何[どれ]」とたずねるときに使う。

students(複数形)ではなく、

◯ student(単数形)で表す。

💡 「ほかのどの～よりも」は〈than any other＋名詞の単数形〉。Sam is the tallest student in this class.(サムはこのクラスでいちばん背が高い生徒です。)と同じ内容を表す。

まるばつだけで 8 割ねらえる中学英語

中3

まる

ばつ

不規則動詞のまちがえやすい つづり 7

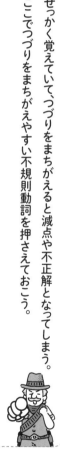

せっかく覚えていて、つづりをまちがえると減点や不正解となってしまう。ここでつづりをまちがえやすい不規則動詞を押さえておこう。

✕		→	○	
see sow seen			see saw seen	see(見る、会う)の原形-過去形-過去分詞。発音は[スィー]-[ソー]-[スィーン]。
write wrote writen			write wrote written	write(書く)の原形-過去形-過去分詞。発音は[ライト]-[ロウト]-[リトゥン]。
buy bout bout			buy bought bought	buy(買う)の原形-過去形-過去分詞。発音は[バイ]-[ボート]-[ボート]。
say sayed sayed			say said said	say(言う)の原形-過去形-過去分詞。発音は[セイ]-[セッド]-[セッド]。
teach teached teached			teach taught taught	teach(教える)の原形-過去形-過去分詞。発音は[ティーチ]-[トート]-[トート]。
speak spoke spoke			speak spoke spoken	speak(話す)の原形-過去形-過去分詞。発音は[スピーク]-[スポウク]-[スポウクン]。
win wan wan			win won won	win(勝つ)の原形-過去形-過去分詞。発音は[ウィン]-[ワン]-[ワン]。

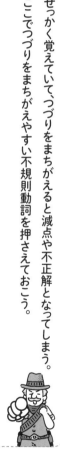

重要度 まちがえやすさ

Q.1

（　　　　　）には **a** が入る。

「私はこの映画を3回見たことがあります。」
I've（　　　　）this movie three times.
a watch　　**b** watched

〇か✕か。

 I'veはI haveの短縮形。
haveのあとにはどんなことばがつづくかな。

A.1

haveのあとには、過去分詞の watched を入れる。

💡 〈have[has]+過去分詞〉で経験を表す。

現在完了形（経験）

「私はきのう、この映画を見ました。」は過去のある時点でおこなわれたことなので、動詞の過去形を使って表す。一方で、「私はこの映画を3回見たことがあります。」のように、過去から現在までの経験を表す場合には、〈have[has]+過去分詞〉の形を使って表す。この形を現在完了形という。

例 I've[I have] **watched** this movie three times.
（私はこの映画を3回見たことがあります。）

Kaoru **has read** the book many times.
（カオルはその本を何度も読んだことがあります。）

●〈主語+have[has]〉の短縮形
・I have → I've
・You have → You've
・We have → We've
・They have → They've
・He has → He's
・She has → She's
・It has → It's

主語が3人称単数のときは、〈has+過去分詞〉の形だよ。

「経験」を表す文でよく使われることば

「経験」を表す現在完了形の文では、回数を表すことばなどがよくいっしょに使われる。

例 We've[We **have**] **seen** the picture once.
（私たちはその絵を一度見たことがあります。）

Tom **has met** Mr. Ito before.
（トムは以前イトウさんに会ったことがあります。）

●回数を表すことば
ふつう、文の終わりに置かれる。
・1回…once
・2回…twice
※3回以上は ～ times で表す。

POINT

「～したことがある」 ⟶ 〈have[has]+過去分詞〉 ※主語が3人称単数のときはhas。

重要度 ■■■■ まちがえやすさ ■■■

Q.2

( ) には **ⓑ** が入る。

「彼女は富士山に登ったことが一度も
ありません。」
She ( ) climbed Mt. Fuji.
ⓐ has never　　**ⓑ** has ever

〇か✕か。

 〈have[has]+過去分詞〉の否定形。

A.2

ⓐ が正しい。
hasのあとに否定語を置く。

💡 neverは「一度も〜ない」。

🤠現在完了形の否定文

現在完了形の否定文はhave[has]のうしろにnotを置いて、〈**have[has] not+過去分詞**〉の形で表す。

⦿〈have[has]+not〉の短縮形
・have not → haven't
・has not → hasn't

例 He **has not visited** Sendai before.
(彼は今までに、仙台を訪れたことがありません。)

I **haven't[have not] seen the movie** before.
(私は以前にその映画を見たことがありません。)

「経験」を表す現在完了形の文では「一度も〜ない」と強調する場合に、not よりも never をよく使う。

例 She **has never eaten** *natto*.
(彼女は納豆を一度も食べたことがありません。)

I**'ve[I have] never been** to Okinawa.
(私は沖縄に一度も行ったことがありません。)

He**'s[He has] never studied** Japanese before.
(彼は以前に一度も日本語を勉強したことがありません。)

⦿have[has] been to 〜
　have[has] been to 〜は「〜に行ったことがある」という意味で経験を表す。(beenはbe動詞の過去分詞)
I **have been to** Fukuoka once.
(私は福岡に一度行ったことがあります。)
He **has** never **been to** Oita.
(彼は大分に一度も行ったことがありません。)

POINT

現在完了形の否定文 ──→ 〈have[has] not+過去分詞〉
「一度も〜ない」 ─────→ 〈have[has] never+過去分詞〉

重要度 ▮▮▮▮ まちがえやすさ ▮▮▮

Q.3

（　　　）に入る英語は
Did である。

「あなたは今までにオーストラリアに
行ったことがありますか。」
（　　　）you ever been to Australia?

beenはbe動詞の過去分詞。
過去分詞といっしょに使うのはどんな文?

○か×か。

A.3

Didではなく、Haveが入る。

💡 現在完了形の疑問文。

🕵 現在完了形の疑問文

現在完了形の疑問文は、主語の前にhave[has]を置いて、〈**Have[Has]+主語+過去分詞 ～?**〉の形で表す。

「経験」を表す現在完了形の疑問文では、ever（今までに）を主語と過去分詞の間に入れることがある。

疑問文でDidを使うのは、過去の一点でおこなわれたことをたずねるときだよ。

例 **Have** you **been** to Sydney? （あなたはシドニーに行ったことがありますか。）
Has she **ever seen** snow? （彼女は今までに雪を見たことがありますか。）

🕵 現在完了形の疑問文への答え方

現在完了形の疑問文には、答えるときにもhave[has]を使う。

「はい。」の場合は〈**Yes, 主語+have[has].**〉、「いいえ。」の場合は〈**No, 主語+have[has] not.**〉で答える。

例 **Have** you **ever traveled** abroad? （あなたは今までに海外旅行をしたことがありますか。）
— Yes, I **have**. （はい、あります。）
— No, I **have not**. （いいえ、ありません。）
　　　→ I've not / I haven't

POINT
現在完了形の疑問文 ⟶ 〈Have[Has]+主語+過去分詞 ～?〉
答えの文 ⟶ 〈Yes, 主語+have[has].〉 / 〈No, 主語+have[has] not.〉

重要度 まちがえやすさ

Q.4

次の英語は正しい。

I've seen her yesterday.
（私はきのう彼女に会いました。）

〇か✕か。

yesterday「きのう」は
過去のことを表すことばだね。

147

A.4

I've seenではなく、I saw で表す。

💡 きのう（→過去）のことは過去形で表す。

yesterday と現在完了形はいっしょに使える？

「私はきのう彼女に会いました。」は、過去のある時点でおこなわれたことを表しているので、動詞は過去形を使う。

yesterday（きのう）のように、過去を表すことばは過去形の文で使い、過去とつながりのある現在を表す現在完了形の文では使えない。

例
I saw her **yesterday**.（私はきのう彼女に会いました。）
I have seen her **before**.
（私は以前、彼女に会ったことがあります。）

When 〜?と現在完了形はいっしょに使える？

「あなたはいつ宿題をしましたか。」という疑問文には、ふつう「昨夜しました。」のように過去の具体的な時を答える。したがって「いつ〜しましたか。」とたずねるときは過去形で表す。

例
When **did** you **do** your homework?
— I **did** it last night.
（あなたはいつ宿題をしましたか。— 昨夜しました。）

●過去の文で使うことば
・yesterday（きのう）
・〜 ago（〜前）
・last 〜（この前の〜）
・just now（たった今）
・the other day（先日）

before（以前）は、過去から現在までの時間を表すから、現在完了形の文で使えるんだね。

Whenで始まる疑問文も現在完了形の文では使わないんだよ。

Bang!

148

重要度 | まちがえやすさ

Q.5

電車がもうすでに駅に到着しているのは **a** のほうである。

a The train has arrived at the station.

b The train is arriving at the station.

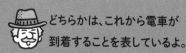 どちらかは、これから電車が
到着することを表しているよ。

〇か✕か。

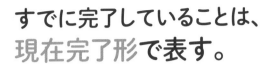

A.5

すでに完了していることは、現在完了形で表す。

💡 is arrivingは現在進行形。

🤠 現在完了形（完了）

　「電車は駅に到着したところです。」や「電車は（すでに）駅に到着しています。」のように、過去に始まった動作や状態が完了したことを表すときも、〈have[has]＋過去分詞〉の現在完了形を使う。

例 The train **has arrived** at the station.
（電車は駅に到着したところです。／電車は（すでに）駅に到着しています。）

🤠 「完了」を表す現在完了形でよく使われることば

　「完了」を表す現在完了形の文では、次のようなことばがよく使われる。

例 I **have** already **done** my homework.
（私はすでに宿題をしました。）

She **has** just **done** her homework.
（彼女はちょうど宿題をしたところです。）

Have you **done** your homework **yet**?
（あなたはもう宿題をしましたか。）

He **has not done** his homework **yet**.
（彼はまだ宿題をしていません。）

●The train is arriving at the station.
　この文は現在進行形を使っているので、電車はまもなく駅に到着する状況を表している。「電車は駅に到着します。」という意味。

yetは疑問文では「もう」、否定文では「まだ」という意味を表すよ。

重要度 ■■■■□□□□　　　まちがえやすさ ■■■■■□□

Q.6

次の英語は正しい。

Emi and I know each other for
many years.
（エミと私は長年の知り合いです。）

○か✕か。

「長年の知り合い」とは昔から今まで
ずっと知っているということだね。

A.6

knowではなく、have known で表す。

💡 現在までの継続は、現在完了形で表す。

🕵️ 現在完了形（継続）

「エミと私は長年の知り合いです。」は、「エミと私は何年間もずっとおたがいのことを知っています。」ということを表す。このように、過去から現在まで状態が継続していることを表すときも、〈have[has]+過去分詞〉の現在完了形を使う。

例 Emi and I **have known** each other for many years.

（エミと私は長年の知り合いです。）

I **have lived** in Nagoya since 2020.

（私は名古屋に2020年から住んでいます。）

🕵️ 継続の期間をたずねる文

「どのくらいの間（いつから）」と過去から現在までの継続の期間をたずねるときは、現在完了形を使って、〈How long have[has]+主語+過去分詞～?〉で表す。

例 How long **have** you **been** in Japan?

（あなたはどのくらいの間（いつから）日本にいますか。）

— **For** ten years. （10年間です。）

— **Since** last week. （先週からです。）

● 「～の間」（期間）や「～から」（起点）の表し方

・**for ～** （～の間）
for a year（1年間）
for seven days（7日間）
for a long time（長い間）

・**since ～** （～から）
since last week（先週から）
since 2021（2021年から）

・**since+主語+動詞 ～**
（―が～してから）
I've known him since he was two years old.（私は彼が2歳のときから彼のことを知っています。）

● 現在完了形（継続）の疑問文・否定文

【疑問文】

Have you **lived** here for a long time?

— Yes, I **have**. ／ No, I **haven't**.

（あなたは長い間ここに住んでいますか。―はい。／いいえ。）

【否定文】

He **hasn't seen** her since last month.（彼は先月から彼女に会っていません。）

重要度 ████ まちがえやすさ ███

Q.7

(　　　)には**b**が入る。

「私はここで妹を30分待っています。」
I've been (　　　) here for my sister
for 30 minutes.

a waited　**b** waiting

〇か╳か。

「待っている」ということは、
今も進行中ってことだね。

A.7

be動詞の過去分詞beenが前にあるのでwaitingが入る。

💡 〈have[has] been+～ing〉の形。

現在完了進行形

「私はここで妹を30分待っています。」のように、過去に始まった動作が現在もずっとつづいていることを表すときは、〈have[has] been+～ing〉の形で表す。この形を現在完了進行形という。

例
I **have been waiting** here for my sister for 30 minutes.
(私はここで妹を30分待っています。)

● 「～の間」(期間)や「～から」(起点)を表すことば
・**for ～**（～の間）
　for three hours（3時間）
・**since ～**（～から）
　since this morning（今朝から）
・**since+主語+動詞 ～**（―が…してから）
　She's been sleeping since she came home.（彼女は帰宅してからずっと眠っています。）

「(ずっと)～している」は現在完了形?／現在完了進行形?

「私たちは3年間(ずっと)ここに住んでいます。」は、「住んでいる(live)」という状態を表しているので進行形を使って表すことはできない。このように、状態を表す動詞の場合、過去から現在までの継続は現在完了形で表す。

例
We **have lived** here for three years.【現在完了形(継続)】
(私たちは3年間(ずっと)ここに住んでいます。)

一方、「私たちは2時間(ずっと)サッカーをしています。」は、「〈スポーツ〉をする(play)」という動作を表しているので、進行形を使って表すことができる。このように、動作を表す動詞の場合、過去から現在までの継続は、ふつう現在完了進行形で表す。

例
We **have been playing** soccer for two hours.【現在完了進行形】
(私たちは2時間(ずっと)サッカーをしています。)

重要度 ▮▮▮ まちがえやすさ ▮▮▮

Q.8

次の英語にはまちがいがある。

I am interesting to study Japanese history.
（私は日本史を勉強するのがおもしろい。）

〇か✕か。

 I am interesting は「私は興味深い（人物だ）」という意味になるよ。

A.8

I am interestingではなく、It is interesting for meで表す。

「私は〜するのがおもしろい。」はI am interesting 〜. で表せる?

I am interestingとすると「私自身は興味深い人物だ」という意味になってしまう。「私は日本史を勉強するのがおもしろい。」を英語にするときは、I am interesting 〜. とはしない。「おもしろい」のは「私」ではなく「日本史を勉強すること」なので、これを不定詞を使ってto study Japanese historyで表し、文の主語にする。

例 **To study Japanese history** is interesting. (日本史を勉強するのはおもしろい。)

ただし、英語ではふつうこの文のようにTo 〜が主語になる場合、Itを代わりの主語として文のはじめに置き、to 〜を文のうしろに置く。

例 It is interesting **to study Japanese history.** (日本史を勉強するのはおもしろい。)

「〈(人)にとって〉〜するのは…だ。」の表し方

「〈(人)にとって〉〜するのは…だ。」や「〈(人)が〉〜するのは…だ。」は、〈It is …(for+人)+to+動詞の原形 〜.〉で表す。過去のことを表す場合、is を was にする。

例 It is interesting **for me** to study Japanese history.
(私にとって日本史を勉強するのはおもしろい。→私は日本史を勉強するのがおもしろい。)

It was exciting **for us** to watch the game.
(私たちにとってその試合を見るのは楽しかった。)

> Itはうしろに本当の主語があることを示す記号のようなもの。この It に「それは」という意味はないよ。

重要度 | | | | まちがえやすさ | | |

Q.9

「母は私に宿題をするように
言いました。」は **ⓐ** のほうである。

ⓐ My mother told me do my
homework.

ⓑ My mother told me to do my
homework.

◯か✕か。

 2つの文のちがいに着目しよう。

A.9

ⓑ が正しい。
doではなくto doで表す。

💡「(人)に〜するように言う」はtell … to do。

🎩「(人)に〜するように言う」

「(人)に〜するように言う」は、〈tell＋人＋to＋動詞の原形〉の形で表す。「(人)に」の部分に代名詞を置くときには目的格を使う。

例 My mother **told me to do** my homework.
(母は私に宿題をするように言いました。)

I'll tell **Ken** to call. (私はケンに電話するように言います。)

🎩〈want[ask]＋人＋to＋動詞の原形〉

〈tell＋人＋to＋動詞の原形〉と同じ形をとる動詞には、ほかに want や ask などがある。

〈want＋人＋to＋動詞の原形〉は、「(人)に〜してもらいたい」、〈ask＋人＋to＋動詞の原形〉は、「(人)に〜するように頼む」の意味を表す。

例 I **want you to read** this letter.
(私はあなたにこの手紙を読んでもらいたい。)

Can you **ask John to call** me back?
(ジョンに、私に折り返し電話をするように頼んでくれますか。)

●代名詞の目的格
・me(私に)
・us(私たちに)
・you(あなたに、あなたたちに)
・him(彼に)
・her(彼女に)
・it(それに)
・them(彼らに、彼女らに、それらに)

> 〈to＋動詞の原形〉の部分は、tell が told(過去形)になっても、主語が何であっても変化しないよ。

●Do you want me to 〜?
「〜してあげようか。」という意味で、気軽に申し出るときに使える。
Do you want me to help you?
(手伝ってあげようか。)

POINT

〈tell＋人＋to＋動詞の原形〉 ⟶ 「(人)に〜するように言う」
〈want＋人＋to＋動詞の原形〉 ⟶ 「(人)に〜してもらいたい」
〈ask＋人＋to＋動詞の原形〉 ⟶ 「(人)に〜するように頼む」

重要度 まちがえやすさ

Q.10

次の英語は正しい。

Satoshi helped me clean the room.
（サトシは私が部屋を掃除するのを手伝ってくれました。）

○か✕か。

 helped と clean はどちらも動詞。
1つの文に動詞を2つ置けるのかな？

helpのあとには、人+動詞の原形を置ける。

💡 〈help+人+動詞の原形〉で表せる。

「(人)が〜するのを手伝う」

「(人)が〜するのを手伝う」は〈help+人+動詞の原形〉の形で表す。この動詞の原形は「原形不定詞」と呼ばれ、helpがhelped(過去形)になっても、主語が何であってもこの原形は変化しない。

例
Satoshi **helped** me **clean** the room.
(サトシは私が部屋を掃除するのを手伝ってくれました。)

「(人)に〜させる」

〈help+人+動詞の原形〉と同じ形をとる動詞には、ほかに let や make がある。

〈let+人+動詞の原形〉も〈make+人+動詞の原形〉も、「(人)に〜させる」の意味を表す。

例
Let me **ask** some questions.
(私にいくつか質問させてください。)

Don't **make** me **do** that.
(私にそんなことをさせないでください。)

●「(人)が〜するのを手伝う」

ふつう〈help+人+動詞の原形〉の形で表すが、〈help+人+to+動詞の原形〉でも表せる。

左の例文は次のように表すこともできる。

Satoshi helped me to clean the room.

> letは「やりたいことをさせる、許可する」の意味で、makeは「無理にさせる、強制的にさせる」の意味だよ。

Bang!

POINT

〈help＋人＋動詞の原形〉 ⟶ 「(人)が〜するのを手伝う」
〈let＋人＋動詞の原形〉 ⟶ 「(人)に〈思いどおりに〉〜させる」
〈make＋人＋動詞の原形〉 ⟶ 「(人)に〈無理やり〉〜させる」

重要度 ■■■■■■　まちがえやすさ ■■■■

Q.11

「箱の中の本は全部私のです。」は**b**のほうである。

a In the box books are all mine.
b The books in the box are all mine.

○か✕か。

 「箱の中の本」はどう表すのかな。

A.11

in the boxは、the booksをうしろから修飾する。

💡 〈前置詞+語句〉は名詞をうしろから修飾。

名詞をうしろから修飾する語句

たとえば、「古い本」は日本語と同じ順番でold booksと表す。〈形容詞（old）+名詞（books）〉の形で、形容詞は名詞を前から修飾する。

一方、「箱の中の本」はin the boxをthe booksのうしろに置き、the books in the boxで表す。

このように〈前置詞（in）+語句（the box）〉のまとまりが名詞（the books）を修飾するときには、名詞のうしろに置いて、うしろから前の名詞を修飾する。

●修飾とは
　ある語（句）が、ほかの語（句）に詳しく説明を加えること。

> 修飾する語句が長い場合には、まず名詞を先に置いて、うしろに修飾する語句（説明する内容）を続けるよ。

例
the **books in the box** （箱の中の本）
a **student from China** （中国出身の生徒）

動詞の形に注意

〈名詞+前置詞+語句〉が主語になる場合、主語の中心となる「名詞」が単数か複数かによって一般動詞の現在形やbe動詞の形を使い分ける。

「箱の中の本は私のものです。」を英語で表すとき、The books in the box（　　）mine.の（　　）に入るのは is ではなく are である。直前の the box にまどわされないように注意する。

例
My uncle **in Canada** speaks four languages.
（カナダにいる私のおじは4か国語を話します。）
The boy **by the piano** was Jake. （ピアノのそばにいる男の子はジェイクでした。）

重要度 ▮▮▮▮▮ まちがえやすさ ▮▮▮▮▮

Q:12

ⓑのほうが正しい。

「向こうで走っている男の子は私の弟です。」

ⓐ The boy running over there is my brother.

ⓑ The running over there boy is my brother.

 running over there（向こうで走っている）はboy（男の子）をどう修飾するかな。

〇か✕か。

A.12

ⓐ が正しい。「…で〜している《名詞》」は〈《名詞》+〜ing …〉の形。

💡〈〜ing+語句〉は名詞をうしろから修飾。

🤠「〜している○○」

たとえば、「(その)走っている男の子」なら日本語と同じ順番でthe running boyと表す。〜ingが単独の場合は、名詞を**前から**修飾できる。

一方、「向こうで走っている(その)男の子」の場合は、the boy running over there のように、〈〜ing+語句〉は名詞を**うしろから**修飾する。

例
The boy running over there is my brother.
(向こうで走っている男の子は私の弟です。)

I know **the girl sitting under the tree.**
(木の下に座っている女の子を私は知っています。)

🤠〜ingの3つの使い方

これまで学習してきた、動詞のing形を使った3つの表現を整理しよう。

■進行形〈be動詞+〜ing〉の〜ing

例 **I'm cooking** now. (私は今、料理をしています。)

■「〜すること」という意味の〜ing(動名詞)

例 I **enjoyed cooking.** (私は料理をして楽しみました。)

■名詞を修飾する〈〜ing(+語句)〉

例 **The girl cooking** in the kitchen is Maki.
(台所で料理をしている女の子はマキです。)

●単独で名詞を修飾する 〜ing
・a sleeping dog (眠っている犬)
・a crying girl
　(泣いている女の子)

〈〜ing+語句〉が名詞を修飾するときはうしろから。

動詞のing形のつくり方

動詞の語尾	つくり方	例
ふつうの語	ing をつける	play → playing
eで終わる語	e をとって ing をつける	make → making
〈短母音+子音字〉で終わる語	子音字を重ねて ing をつける	cut → cutting
ie で終わる語	ie を y にかえて ing をつける	lie → lying

Q.13

次の英語にはまちがいがある。

These are pictures painting by my grandmother.
（これらは私の祖母がかいた絵です。）

〇か✕か。

 by my grandmother「祖母によって」に
着目しよう。

A.13

「祖母によってかかれた絵」なので、過去分詞の painted で表す。

💡 〈過去分詞＋語句〉は名詞をうしろから修飾。

「〜された［されている］○○」

たとえば、「（その）閉じられたドア」なら過去分詞（closed）を使って、the closed door と表す。**過去分詞が単独の場合は名詞を前から修飾できる。**

一方、「私の祖母によってかかれた絵」の場合は、pictures painted by my grandmother のように、**〈過去分詞＋語句〉は名詞をうしろから修飾する。**

例 These are **pictures painted by my grandmother.**（これらは私の祖母がかいた絵です。）
This is **a book written by Soseki.**
（これは漱石によって書かれた本です。）

過去分詞の3つの使い方

これまで学習してきた、過去分詞を使った3つの表現を整理しよう。

■受け身〈be動詞＋過去分詞〉

例 This car **is made** in Japan.（この車は日本製です。）

■現在完了形〈have［has］＋過去分詞〉

例 I**'ve made** sushi before.
（私は以前、すしを作ったことがあります。）

■名詞を修飾する〈過去分詞（＋語句）〉

例 This is **a car made** in Japan.（これは日本でつくられた車です。）

●過去分詞が表す日本語

Q.13では「私の祖母によってかかれた（絵）」ではなく、「私の祖母がかいた（絵）」となっている。このように、過去分詞を使った文の場合、「〜した［している］」と訳したほうが自然なこともある。

●単独で名詞を修飾する過去分詞
・a broken window（割れた窓）
・a used car（中古車）
・a boiled egg（ゆで卵）

●過去分詞の形

大部分の動詞は、過去分詞は過去形と同じ形。
【規則動詞】
過去分詞と過去形は同じ形。
・**paint**（かく、塗る）−**painted**（過去形）−**painted**（過去分詞）
【不規則動詞】
過去形と同じものもあればちがうものもある。1つ1つ覚えよう。（→p.120）

重要度 ▮▮▮　　　まちがえやすさ ▮▮▮

Q.14

次の英語は正しい。

The country I want to visit it is Canada.
（私が訪れたい国はカナダです。）

○か✕か。

余計な語が入っているような…。

A.14

The country I want to visit itの it は不要。

💡 The country と it が重複するのでおかしい。

🎩名詞+〈主語+動詞 〜〉

the country I want to visit（私が訪れたい国）のように、〈主語（I）+動詞（want）〜〉が名詞（the country）を修飾するときは、名詞をうしろから修飾して名詞+〈主語+動詞 〜〉の順番になる。

例 **The country I want to visit** is Canada.
（私が訪れたい国はカナダです。）

This is **the picture Akira took in Kyoto.**
（これはアキラが京都で撮った写真です。）

I want to visit the country.（私はその国を訪れたい。）の the country を前に出して、I want to visit がうしろから修飾している形だと考えるよ。

🎩名詞をうしろから修飾する語句

これまで学習してきた、名詞をうしろから修飾する語句を使った4つの表現を整理しよう。

■名詞+〈前置詞+語句〉

例 a **girl at the door** （ドアのところにいる女の子）

■名詞+〈〜ing+語句〉

例 a **girl sitting under the tree**
（木の下に座っている女の子）

■名詞+〈過去分詞+語句〉

例 a **girl called Maki** （マキと呼ばれている女の子）

■名詞+〈主語+動詞 〜〉

例 a **girl I met yesterday** （私がきのう会った女の子）

実力がついたかどうか確かめよう

確認テスト⑤

100点満点
答えはp.201

1 次の日本語にあう英文になるように、( )内の適する語(句)に○をつけなさい。

2点×4

(1) 私たちはこの映画を何度も見たことがあります。
We've (watch / watched) this movie many times.

(2) あなたは今までにロンドンに行ったことがありますか。
(Have / Did) you ever been to London?

(3) あなたたちはいつ宿題を終えたのですか。
When (did / have) you finish your homework?

▶ミス注意 (4) あなたたちはいつからニューヨークにいるのですか。
(When / How long) have you been in New York?

2 次の日本語にあう英文になるように、( )に適する語を書きなさい。

4点×7

(1) ヒカルはこの本を一度読んだことがあります。
Hikaru has read this book ( ).

(2) あなたは沖縄を訪れたことがありますか。—— いいえ、ありません。
Have you visited Okinawa? —— No, I ( ).

(3) 私たちは空港に到着したところです。
We ( ) arrived at the airport.

(4) 私はすでに昼食を食べました。
I've ( ) had lunch.

(5) 私は1時間ずっとここでイーサンを待っています。
I've been ( ) here for Ethan for an hour.

(6) 向こうでテニスをしている女の子がリサです。
The girl ( ) tennis over there is Lisa.

▶よく出る (7) これらは私の祖父が撮った写真です。
These are photos ( ) by my grandfather.

3 次の日本語にあう英文になるように、( )内の語(句)を
並べかえて、正しい順に番号を書きなさい。

(1) 彼は海外旅行をしたことが一度もありません。
(① has ② traveled ③ never ④ he ⑤ abroad).

[　　→　　　→　　　　→　　　　→　　　]

(2) 彼らは長年の知り合いです。
They (① known ② other ③ each ④ have ⑤ for) many years.

[　　→　　　→　　　　→　　　　→　　　]

よく出る (3) 母は私に食器を洗うように言いました。
(① wash ② to ③ told ④ me ⑤ my mother) the dishes.

[　　→　　　→　　　　→　　　　→　　　]

(4) その少年は私のバッグを運ぶのを手伝ってくれました。
The boy (① helped ② carry ③ my ④ me ⑤ bag).

[　　→　　　→　　　　→　　　　→　　　]

(5) 机の上の本は私のものではありません。
(① on ② are ③ the books ④ the desk ⑤ not) mine.

[　　→　　　→　　　　→　　　　→　　　]

ミス注意 (6) 私たちが訪れたい国はフランスです。
(① we ② to ③ the country ④ want ⑤ visit) is France.

[　　→　　　→　　　　→　　　　→　　　]

4 次の日本文を英語に直しなさい。

(1) 私はロンドン(London)に2回行ったことがあります。

[　　　　　　　　　　　　　　　　　　　　　]

(2) 私はきのうメアリー(Mary)に会いました。

[　　　　　　　　　　　　　　　　　　　　　]

(3) 彼らは2020年から東京に住んでいます。

[　　　　　　　　　　　　　　　　　　　　　]

(4) 私にとって本を読むことは興味深い。

[　　　　　　　　　　　　　　　　　　　　　]

重要度 ■■■□□　　　　　まちがえやすさ ■■□□

Q.15

「あなたにはシンガポールに
住む友達がいますか。」は
ⓑのほうである。

ⓐ Do you have any friends which
live in Singapore?

ⓑ Do you have any friends who live
in Singapore?

○か✕か。

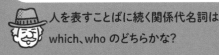
人を表すことばに続く関係代名詞は
which、who のどちらかな？

A.15

「人」に続く関係代名詞は、whichではなくwho。

💡 whichは「もの」につづく関係代名詞。

🕵️ 人を説明する関係代名詞 who

「あなたにはシンガポールに住む友達がいますか。」は、Do you have **any friends who live in Singapore**? で表す。この文で who は〈前の名詞（any friends）と who以下を関係づけるはたらき〉と〈any friendsを指す代名詞（they）のはたらき〉をしているので、関係代名詞と呼ばれる。このように、「人」を表すことばにつづけて、主語のはたらきをする関係代名詞には**who**を使う（主格の関係代名詞 who）。

例 I have **a friend who lives in India**. （私にはインドに住んでいる友達がいます。）

🕵️ 主格の関係代名詞that

関係代名詞 who は「人」を表すことばのうしろに置かれる。この主格の関係代名詞 who は **that** で表すこともできる（主格の関係代名詞 that）。

例 I know **a boy who[that] is from Australia**.
（私はオーストラリア出身の男の子を知っています。）

> 「人」を表す名詞を、〈who [that]+動詞 ～〉がうしろから修飾しているんだね。

POINT

This is **the girl**.　＋　**The girl** wrote this story.
⇩
関係代名詞(主語)+動詞
This is **the girl**　who　**wrote this story**. （こちらがこの話を書いた女の子です。）
　　　　　　▲
　　女の子　　　　　　この話を書いた
　　※whoはthatを使ってもよい。

重要度 | まちがえやすさ

Q.16

次の英語は正しい。

I want to stay at a hotel that have a Japanese garden.
（私は日本庭園のあるホテルに泊まりたい。）

関係代名詞(that)のあとにつづく動詞に着目しよう。

○か✕か。

A.16

haveではなく、hasにする。

💡 thatの前の名詞が3人称単数なのでhas。

「もの」や「動物」を説明する関係代名詞 that/which

「人」を表すことばにつづけて主語のはたらきをする関係代名詞がwho/thatであるのに対して、「もの」や「動物」などを表すことばにつづけて、主語のはたらきをする関係代名詞はthat/whichである（主格の関係代名詞that/which）。

例
1 This is **a temple that**[which] **was built about 200 years ago.**
（ここは約200年前に建てられた寺です。）

関係代名詞のうしろにくる動詞

主格の関係代名詞のうしろにくる動詞は、前の名詞が単数か複数かによって、その形を使い分ける。

たとえば、現在の文で、名詞が3人称単数なら、一般動詞は3単現の形にする。

> 「もの」や「動物」を表す名詞を、〈that[which]＋動詞〜〉がうしろから修飾しているんだね。

例
1 This is **the bus that**[which] **goes to the airport.**
（これは空港へ行くバスです。）

POINT

I want to stay at a hotel. ＋ The hotel has a Japanese garden.

⇩

関係代名詞（主格）＋動詞（前の名詞が3人称単数なのでhas）

I want to stay at a hotel │that│ has a Japanese garden.

（私は日本庭園のあるホテルに泊まりたい。）

ホテル　　　　　　日本庭園のある

※thatはwhichを使ってもよい。

重要度 ▮▮▮▮ まちがえやすさ ▮▮▮▮

Q:17

次の英語にはまちがいがある。

I'm going to buy some cookies
that my mother loves them.
（私は母が大好きなクッキーを買うつも
りです。）

〇か✕か。

 お母さんが大好きなthemって何のこと?

175

A.17

that my mother loves themの themは不要。

💡 cookiesとthemが重複するのでおかしい。

🕵 目的語のはたらきをする関係代名詞 that

「人」を表すことばにつづけて主語のはたらきをする関係代名詞にはwho/that、「もの」や「動物」などを表すことばにつづけて主語のはたらきをする関係代名詞にはwhich/that を使う(→p.172、174)。

これに対して、下の例文のように、あとにつづく文の**目的語**のはたらきをする関係代名詞は前に置かれることばが「人」でも「もの」や「動物」でも that を使う(目的格の関係代名詞)。

> 例 This is **a temple** that **we visited in Kyoto**. (ここは私たちが京都で訪れた寺です。)
> She is **a singer** that **everyone likes**. (彼女はだれもが好きな歌手です。)

🕵 目的格の関係代名詞 which

「もの」や「動物」を表すことばにつづく目的格の関係代名詞には which も使う。また、目的格の関係代名詞 that / which は省略することができる。

> 例 I wore **the T-shirt** which **I bought** yesterday. (私はきのう買ったTシャツを着ました。)

● 目的格の関係代名詞のうしろに続く文
目的格の関係代名詞はうしろに〈主語+動詞〉がつづくが、**関係代名詞はあとにつづく文の目的語のはたらきをするので、動詞のうしろには目的語は置かない**(目的語が重複してしまう)。そのため、Q.17の文では them は不要である。

POINT

I'm going to buy some cookies. + My mother loves them.
⇩
関係代名詞(目的格)+主語+動詞
I'm going to buy **some cookies** | that | **my mother loves**.
　　　　　　　　　　　　　　　　　　　　(私は母が大好きなクッキーを買うつもりです。)
　　　　　クッキー　　　　　　　　母が大好きである
※このthatはwhichで表してもよい。

重要度 | まちがえやすさ |

Q.18

ⓐのほうが正しい。

「郵便局がどこにあるか私に教えていただけますか。」

ⓐ Could you tell me where the post office is?

ⓑ Could you tell me where is the post office?

◯か✕か。

 文の中に疑問詞の疑問文が入るとき、注意するのはどんなことかな?

A.18

〈疑問詞(where)＋主語(the post office)＋動詞(is)〉の語順になる。

💡 疑問詞のあとは〈主語+動詞 〜〉の語順。

🕵️ 間接疑問文

疑問詞で始まる疑問文をうめこんだ文のことを**間接疑問文**という。間接疑問文では、疑問詞のあとは〈**主語+動詞 〜**〉の語順になる。

例 Could you tell me **where** the post office is?
（郵便局がどこにあるか私に教えていただけますか。）

I don't know **what** she likes.
（彼女が何が好きなのか私は知りません。）

Do you know **when** he will come?
（彼がいつ来るかあなたは知っていますか。）

I want to know **how long** he is going to stay here.
（彼がここにどのくらいの間滞在するのか私は知りたい。）

間接疑問文では、疑問詞のうしろにふつうの文の語順がつづくんだね。主語が3人称単数で現在の文のときには一般動詞に-(e)sをつけ忘れないようにしよう。

助動詞が入る疑問文の場合、間接疑問の部分は〈疑問詞+主語+助動詞+動詞 〜〉の語順になるよ。

POINT

When **is** your **birthday**? （あなたの誕生日はいつですか。）

I know when **your birthday is.** （あなたの誕生日がいつか私は知っています。）
　　　　※be動詞の疑問文の場合、語順が入れかわる。

Where **did you go** during summer vacation? （あなたは夏休みにどこへ行きましたか。）

Please tell me where **you went** during summer vacation. （夏休みにどこへ行ったか私に教えてください。）

※一般動詞の疑問文の場合、do/does/didがなくなり、動詞の形がかわる場合もある。

重要度 ▮▮▮▮▯▯ まちがえやすさ ▮▮▮▯▯

Q.19

ⓐのほうが正しい。

「あなたはこの絵をかいたのがだれか
知っていますか。」

ⓐ Do you know who this picture
painted?

ⓑ Do you know who painted this
picture?

 疑問詞whoは主語のはたらきを
している ね。

○か✕か。

179

A.19

❌ **ⓑ が正しい。〈疑問詞(who)＋動詞(painted) 〜〉の語順になる。**

💡 疑問詞が主語なら〈疑問詞+動詞 〜〉の語順。

🤠 疑問詞が主語になる疑問文

「だれがこの絵をかいたのですか。」や「何があなたを悲しませたのですか。」のように、疑問詞（who/what）が主語のはたらきをする疑問文は〈疑問詞+動詞 〜?〉の形になる。

> 日本語では、「この絵をかいたのはだれですか。」のように、「だれが」といわないこともあるよ。

📝 Who painted this picture? （だれがこの絵をかいたのですか。）
　 What made you sad? （何があなたを悲しませたのですか。）

🤠 疑問詞が主語の間接疑問

疑問詞が主語のはたらきをする疑問文を別の文にうめこむとき、〈疑問詞+動詞 〜〉の語順はかわらない。

> 左の例文のmadeは、上が「〜を作った」の意味で、下が「AをBにした」という意味で使われているよ。

📝 I don't know who made this cake.
　（だれがこのケーキを作ったのか私は知りません。）
　 Can you tell me what made Jane so angry?
　（何がジェーンをそれほど怒らせたのか私に教えてくれませんか。）

POINT

Who lives here? （だれがここに住んでいますか。）

I know who lives here. （だれがここに住んでいるのか私は知っています。）

※疑問詞が主語のはたらきをする疑問文をうめこむとき、語順はかわらない。

重要度 まちがえやすさ

Q.20

（　　　　）には **a** が入る。

「私が大金を持っていればなあ。」
I wish I (　　　) a lot of money.
a have　**b** had

○か✕か。

現実とはちがうことをいうときの
動詞の形は?

A.20

❌ ⓑ が正しい。haveではなく過去形の had が入る。

💡 現在の仮定では、動詞は過去形。

「～ならばなあ。」は?

「～ならばなあ。」と、実現が不可能か非常に困難な願望をいうとき、〈I wish+主語+動詞[助動詞]の過去形 ～.〉の形を使う。

このように、現実にはありえないことをいうときには、動詞[助動詞]を**過去形**にして表す。このように表現する方法を**仮定法**という。

例
> I wish I **had** a lot of money.
> (私が大金を持っていればなあ。)
>
> I wish I **could** fly. (私が飛べればなあ。)

仮定法では、現在のことを過去形を使って表すんだね。

Bang!

仮定法でbe動詞を使うとき

「(実際には今ハワイにはいないが)ハワイにいればなあ。」のように、現在実現できない願望をいう場合、I wish I were in Hawaii.で表す。このように、仮定法の文で be動詞を使うときには**主語にかかわらず were** を使うことが多い。

例
> I wish I **were** a bird. (私が鳥ならばなあ。)

助動詞のあとの動詞は、いつも原形だよ。

●実現可能な願望をいうとき
実現できる可能性のある願望をいうときはhopeを使う。このとき、仮定法は使わない。
I hope I can see you again.
(またお会いできることを望んでいます[会えるといいですね]。)

> **POINT**
>
> 「～ならばなあ。」 ⟶ 〈I wish+主語+動詞[助動詞]の過去形 ～.〉
> ※be動詞の場合は were を使う。

重要度 ▮▮▮□□ まちがえやすさ ▮▮▮▮□

Q.21

(　　　)には**b**が入る。

「もし私がネコなら、1日中寝ているのに。」

If I (　　) a cat, I would sleep all day.

a am **b** were

現実とはちがうことをいうときの
be動詞の形は?

〇か✕か。

仮定法では、主語にかかわらず be動詞は were を使う。

「もし〜ならば、…なのに。」

　今日は家族の誕生日で、おさいふの中には500円しか入っていない。3,000円のデコレーションケーキを前に、「もっとお金があれば、このケーキを買えるのに。」というように、「もし〜ならば、…なのに。」と実現しないことを仮定するときには、仮定法を使って、〈If+主語+動詞［助動詞］の過去形 〜, 主語+助動詞の過去形（would / could）+動詞の原形 ….〉の形で表す。

仮定法の文でbe動詞を使うときには、ふつうwereを使う。

例 If I **had** more money, I **could buy** this cake.
　（もし私がもっとお金を持っていれば、このケーキを買えるのに。）
　If it **were** sunny, I **could play** in the park.
　（もし（今）晴れていれば、公園で遊べるのに。）
　If I **were** you, I **would help** them.
　（もし私があなたなら、彼らを手伝うのに。）
　※上のどの例文もIf 〜は実際にはそうではないことを表している。

POINT
「もし〜ならば、…なのに。」
→ 〈If+主語+<u>動詞［助動詞］の過去形</u> 〜, 主語+could / would+動詞の原形 ….〉
　　※be動詞の場合は were を使う。

重要度 ■■■□□　　　　まちがえやすさ ■■□□

Q.22

次の英語は正しい。

If it's sunny tomorrow,
I will go shopping.
（もし明日晴れれば、買い物に行きます。）

〇か✕か。

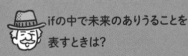
ifの中で未来のありうることを
表すときは?

A.22

この文でのIf 〜は 条件を示しているので、未来のことでも現在形で表す。

If 〜が条件を示すとき

「もし明日晴れれば、買い物に行きます。」という文は、明日は晴れるかどうかわからないけれど、「もし晴れれば」「晴れの場合には」という条件を示している。このように、「もし〜ならば」で条件を示すときには仮定法は使わず、**未来のことでも動詞は現在形を使う。**

If 〜の中に未来のことを表すtomorrow（明日）ということばがあっても、条件を示している場合は、If 〜の中ではwillを使わなくてもいいんだよ。

例 **If it is sunny tomorrow,** I will go shopping.
（もし明日晴れれば、私は買い物に行きます。）

If you go there, you can buy the tickets.
（そこへ行けば、そのチケットが買えますよ。）

条件のIf 〜と仮定のIf 〜のちがい

ifを使った文は「もし〜ならば」の意味で、条件を示す場合と、現実とは異なることを仮定する場合の2つの使い方がある。

条件なのか仮定なのかは、英語では**動詞の形に表れる。**

POINT

①条件を表すif　If he has one million yen, he will **buy** this car.
〈持っているか不明だが〉もし彼が100万円持っていれば、この車を買うでしょう。）

②仮定を表すif　If he had one million yen, he would **buy** this car.
〈実際には持っていないが〉もし彼が100万円持っていれば、この車を買うのに。）

重要度 ■■■□□　　　まちがえやすさ ■■□□□

Q.23

次の英語は正しい。

You are Mr. Smith, don't you?
（あなたはスミス先生ですね。）

〇か✕か。

この文の動詞はareだね。

A.23

don't you?ではなく、aren't you?で表す。

「〜ですね?」と付け加える表現

「〜ですね?」と相手に確認したり、同意を求めたりするときに使う表現を**付加疑問**という。付加疑問は2語の疑問形を使い、前に**コンマ(,)** を置く。

前の文が肯定文なら否定形になり、前の文が否定文なら肯定形になる。また、前の文の主語が人の名前などの場合、付加疑問では代名詞に置き換える。

> 例
> You are Ann, aren't you?
> (あなたはアンですね。)
> Nick isn't a vet, is he?
> (ニックは獣医師ではありませんね。)

一般動詞の文の場合、付加疑問では**do/does/did**を使う。

> 例
> You went shopping yesterday, didn't you? (あなたはきのう買い物に行きましたね。)

付加疑問文への答え方

付加疑問文には、ふつうの疑問文と同じように応じる。

> 例
> Ken is cool, isn't he? (ケンはかっこいいですね。)
> — Yes, he is. (はい、そうですね。)
> — No, he's not. (いいえ、そうでもないですよ。)

●いろいろな付加疑問文

①前がbe動詞で現在の文
You are a nurse, **aren't you?**
(あなたは看護師ですね。)

②前がbe動詞で過去の文
It was rainy last night, **wasn't it?**
(昨夜は雨でしたね。)

They were singing, **weren't they?**
(彼らは歌っていましたね。)

③前が一般動詞で現在の文
He plays the guitar, **doesn't he?**
(彼はギターを弾きますね。)

④前が一般動詞で過去の文
They visited France, **didn't they?**
(彼らはフランスを訪れましたね。)

⑤前が助動詞
You can dance well, **can't you?**
(あなたはじょうずにおどれますね。)

⑥前が否定文
They don't swim, **do they?**
(彼らは泳ぎませんね。)

It won't rain tomorrow, **will it?**
(明日、雨は降りませんね。)

重要度 ▊▊▊▊▊▊ まちがえやすさ ▊▊▊▊▊▊

Q.24

次の英語にはまちがいがある。

She told me that should go to the doctor.
（彼女は私に、医者に行ったほうがいいと言いました。）

○か✕か。

医者に行ったほうが
いのはだれ？

A.24

thatのあとにつづく文の、主語(I)が必要。

💡 〈tell+人+(that)+主語+動詞 〜〉の文。

🤠〈tell+人+(that)+主語+動詞 〜〉

「(人)に(もの・こと)を伝える」は〈tell+人+もの・こと〉の形で表す(→p.128)。この「もの・こと」の部分には〈(that)+主語+動詞 〜〉を置くこともでき、このthatは省略することができる。

このthatは接続詞。
接続詞のthatは省略することができるよ。

例 She told me (that) I should go to the doctor.
(彼女は私に、医者に行ったほうがいいと言いました。)

🤠〈show+人+(that)+主語+動詞 〜〉

tell と同じように、うしろに〈人+(that)+主語+動詞 〜〉の形をとる動詞には show がある。
〈show+人+(that)+主語+動詞 〜〉は「(人)に〜(ということ)を示す[見せる]」の意味を表す。

例 The photo shows us (that) nature is beautiful.
(その写真は私たちに自然は美しいということを示してくれます。)

POINT

「(人)に〜(ということ)を伝える[言う]」 ⟶ 〈tell+人+(that)+主語+動詞 〜〉
「(人)に〜(ということ)を示す[見せる]」 ⟶ 〈show+人+(that)+主語+動詞 〜〉

重要度 ▮▮▮▮▮▯▯▯   まちがえやすさ ▮▮▮▮▮▯▯▯

Q.25

（　　　　）には**ⓑ**が入る。

「ドアを開けてもらえますか。」
（　　　） you open the door?
ⓐ Do　**ⓑ** Can

○か✕か。

 相手にお願いするときは？

A.25

依頼するときは、Do you 〜?ではなく、Can you 〜?で表す。

🤠 依頼表現

相手に「〜してもらえますか。」のように依頼するときには、〈Can you 〜?〉や〈Will you 〜?〉で表す。

また、〈Could you 〜?〉や〈Would you 〜?〉は「（もしよかったら）〜していただけませんか。」という気持ちをこめてお願いするときに使う。

例 Can[Will] you open the door?
(ドアを開けてもらえますか。)

Could[Would] you help me?
(手伝っていただけませんか。)

🤠 依頼表現への応じ方

〈Can[Will / Could / Would] you 〜?〉の依頼に「いいですよ。」と応じるときには、Sure. / OK. / No problem.などで答える。また、断るときには(I'm) Sorry, but 〜. のあとに、断る理由を付け加えるとよい。

例 Can you answer the phone?
(電話に出てもらえますか。)

— Sure. (いいですよ。)

— Sorry, but I'm washing the dishes.
(すみませんが、今食器を洗っています。)

Can you 〜?は「あなたは〜することができますか。」という意味で能力や可能性をたずねるときにも使い、Will you 〜?は「あなたは〜しますか。」という意味で未来の予定をたずねるときにも使うよ。場面や状況によって使い分けよう。

Bang!

I'm sorry./Sorry.のあとにひとこと理由を付け加えれば、相手にも納得してもらえるね。

1 次の日本語にあう英文になるように、（ ）内の適する語（句）に○をつけなさい。

(1) 私には韓国に住んでいる友達がいます。

I have a friend (which ／ who) lives in Korea.

(2) これは昨年建てられたホテルです。

This is a hotel (which ／ who) was built last year.

 (3) 私がネコならばなあ。 I wish I (am ／ were) a cat.

(4) あなたたちは学生ですね。 You are students, (aren't ／ don't) you?

(5) 何が彼女を悲しませたのか私は知りません。

I don't know what (made ／ did she make) her sad.

2 次の日本語にあう英文になるように、（ ）に適する語を書きなさい。

(1) 私は美しい庭のある公園を訪れたい。

I want to visit a park that (　　　　　　) a beautiful garden.

(2) もし晴れていれば、私はサイクリングに行くのに。

If it were sunny, I (　　　　　) go cycling.

よく出る (3) もし明日雨なら、私は家にいます。

If it (　　　　　) rainy tomorrow, I will stay home.

(4) 彼らはきのうバスケットボールをしましたね。

They played basketball yesterday, (　　　　　) they?

(5) この手紙を読んでもらえますか。――すみませんが、私は今、忙しいのです。

Will you read this letter? ―― (　　　　　　), but I'm busy now.

(6) これらの写真は、私たちにその祭りは楽しそうだということを示してくれます。

These photos (　　　　　) us the festival looks like fun.

よく出る (7) スミス先生はカナダ出身ではありませんね。――いいえ、カナダ出身です。

Mr. Smith isn't from Canada, is he? ―― (　　　　　　), he is.

(8) あなたたちが優勝すればいいなと思います。

I (　　　　　　) that you will win.

3 次の日本語にあう英文になるように、(　)内の語(句)を並べかえて、正しい順に番号を書きなさい。 6点×5

(1) この手紙を書いた人はアンです。

(① the person　② wrote　③ is　④ this letter　⑤ that) Anne.

〔　　　→　　　→　　　→　　　〕

ミス注意 (2) 私は母が大好きなケーキを買いました。

I (① some cake　② my mother　③ bought　④ loves　⑤ which).

〔　　　→　　　→　　　→　　　〕

(3) 市役所がどこにあるか教えていただけますか。

Could you (① tell　② where　③ is　④ me　⑤ the city hall)?

〔　　　→　　　→　　　→　　　〕

(4) あなたはこの本を書いたのがだれか知っていますか。

(① who　② you　③ know　④ do　⑤ wrote) this book?

〔　　　→　　　→　　　→　　　〕

(5) 彼は私にもっと話したほうがいいと言いました。

He (① me　② I　③ told　④ should　⑤ that) talk more.

〔　　　→　　　→　　　→　　　〕

4 次の日本文を英語に直しなさい。 7点×4

(1) 私が大金を持っていればなあ。

〔　　　　　　　　　　　　　　　　　　　　　　　　〕

(2) 私を手伝ってもらえますか。

〔　　　　　　　　　　　　　　　　　　　　　　　　〕

(3) あなたは野球をしますね。

〔　　　　　　　　　　　　　　　　　　　　　　　　〕

(4) ジェーン(Jane)が何が好きなのか私は知っています。

〔　　　　　　　　　　　　　　　　　　　　　　　　〕

Q.1

「私はもう昼食をすませました。」は **b** のほうである。

- a I've finished my lunch yet.
- b I've already finished my lunch.

Q.2

「あなたは日本にどのくらいの間住んでいますか。—2年です。」は **b** のほうである。

- a How long have you lived in Japan? — For two years.
- b How long you've lived in Japan? — For two years.

Q.3

（　　　）には **a** が入る。

「彼女はとても疲れていたので午後5時に寝ました。」
She was（　　　）tired that she went to bed at 5 p.m.

- a very　b so

Q.4

「富士山は私には高すぎて登ることができません。」は **a** のほうである。

- a Mt. Fuji is too high for me to climb.
- b Mt. Fuji can't be too high for me to climb.

Q.5

「私は何か温かい飲み物がほしい。」は **b** のほうである。

- a I want hot something to drink.
- b I want something hot to drink.

A. 1 ◯

現在完了形の文で「もう」は、

肯定文でalready、疑問文でyet。

💡 yet は否定文では「まだ（〜ない）」。

A. 2 ✕

ⓐ が正しい。期間をたずねる

How longのあとは疑問文の形。

💡「（これまで）どのくらいの間〜か。」は〈How long have[has]+主語+過去分詞 〜?〉でたずねる。

A. 3 ✕

ⓑ が正しい。「とても〜なので…」は

〈so 〜 (that) …〉で表す。

💡 so のあとには形容詞や副詞がつづき、that のあとには〈主語+動詞〉の文の形がつづく。また、この that は省略することができる。very を使うときは、She went to bed at 5 p.m. because she was very tired. などと表す。

A. 4 ◯

〈too … to 〜〉は、

「…すぎて〜できない」
「〜するにはあまりに…」という意味を表す。

💡 too のあとには形容詞や副詞がつづき、toのあとは動詞の原形がつづく。

A. 5 ◯

「何か〜な…するもの」は、

〈something+形容詞+to+動詞の原形〉
の語順。

💡 something/anything/nothing などの代名詞は修飾語をうしろに置く。

Q.6

（　　　）には a が入る。

「もし100万円あれば、世界一周旅行をするのに。」

If I had one million yen, I (　　　) travel around the world.

a will　b would

Q.7

「次に私が何をしなければならないか教えてください。」
は b のほうである。

a Please tell me what do I have to do next.

b Please tell me what I have to do next.

Q.8

（　　　）には b が入る。

「なんて美しい花なんでしょう。」

(　　　) a beautiful flower!

a How　b What

Q.9

次の英語は正しい。

How about have lunch at that restaurant?

（あのレストランで昼食をとるのはどうですか。）

Q.10

（　　　）には a が入る。

「私たちといっしょにその祭りに行きませんか。」

Why don't (　　　) go to the festival with us?

a you　b we

A. 6 ✕

ⓑ が正しい。仮定法の文では、

willではなくwouldを使う。

💡「もし～ならば、…なのに。」は、〈If+主語+動詞[助動詞]の過去形 ～, 主語+would/could+動詞の原形 ….〉で表す。

A. 7 ◯

what do I have to ～ではなく、

what I have to ～で表す。

💡文の目的語に間接疑問が入るときには、
〈疑問詞+主語+動詞[助動詞] ～〉の語順にする。

A. 8 ◯

「なんて～な…でしょう。」は、

〈What (a[an])+形容詞+名詞!〉の形。

💡「なんて～でしょう。」(感嘆文)は、How beautiful!(なんて美しいのでしょう。)のように〈How+形容詞[副詞]!〉で表したり、What a beautiful flower!のように〈What (a[an])+形容詞+名詞!〉で表したりする。How fast you run!(あなたはなんて速く走るのでしょう。)のように、副詞[形容詞]のあとに〈主語+動詞〉がつづくこともある。

A. 9 ✕

have(動詞の原形)ではなくて、

having(～ing形)で表す。

💡How aboutのあとには、名詞や動詞のing形(動名詞)がつづく。

A. 10 ◯

「<u>あなたが私たちといっしょに行く</u>」のだから、

you が入る。

💡Why don't you ～?は「(あなたは)～してはどうですか。」と提案する文で、Why don't we ～?は「(私たちが)～するのはどうですか。」と提案する文。

中1 ① p.33-34

1 (1) are　　(2) Do
　(3) He　　(4) They

2 (1) I'm　　(2) Are
　(3) dogs　　(4) has
　(5) him　　(6) We're
　(7) Is　　(8) studies
　(9) doesn't　　(10) His

3 (1) ⑤→④→①→③→②
　(2) ①→④→②→⑤→③
　(3) ⑤→③→④→①→②
　(4) ①→④→②→⑤→③

4 (1) Emma is twelve (years old).
　(2) Does he play tennis?
　(3) We do not[don't] walk to school.
　(4) When is your birthday?

解説

1 (1) 主語が複数のKen and I（ケンと私）なの
　で、be動詞はareが適する。

2 (4) 「～がいる」は一般動詞のhaveを使う。
　主語が3人称単数のShota（ショウタ）で
　現在の文なので、haveの3人称単数現
　在形（has）を使う。
　(9) 一般動詞（like）を使った文。主語が3人
　称単数のNick（ニック）で現在の否定文
　なので、〈does not＋一般動詞の原形〉
　で表す。空所が1つなので短縮形の
　doesn'tを入れる。

3 (3) 「買い物に行く」はgo shopping、「～曜
　日に」は〈on＋曜日〉。主語が「私の母（my
　mother）」の3人称単数で現在の文なの
　で、goは3単現（goes）で表す。

中1 ② p.63-64

1 (1) be　　(2) run
　(3) drive　　(4) are

2 (1) Don't　　(2) Can
　(3) reading　　(4) wasn't
　(5) ate[had]　　(6) didn't
　(7) was　　(8) Were
　(9) there　　(10) watching

3 (1) ④→①→⑤→③→②
　(2) ④→①→②→③→⑤
　(3) ③→⑤→④→②→①
　(4) ⑤→②→①→④→③

4 (1) Aya, clean your room.
　　[Clean your room, Aya.]
　(2) Can you run fast?
　　—— Yes, I can.
　(3) I am[I'm] cooking in the kitchen
　　now.
　(4) There is a[one] cup on the table.

解説

1 (1) 現在進行形は〈am/is/are＋～ing〉で表
　す。疑問文は主語の前にam/is/areを置
　く。

2 (2) 「あなたは～できますか。」は助動詞
　canを主語の前に置いて、Can you ～?
　で表す。
　(9) Is there ～?にはthere isを使って答える。
　「いいえ、ありません。」なので、No,
　there isn't.になる。

3 (1) 「いっしょに～しよう。」はLet's ～
　together.で表す。「放課後」はafter
　school。

1 (1) play   (2) be
    (3) have   (4) to play

2 (1) be   (2) don't
    (3) how   (4) playing
    (5) should   (6) taking
    (7) when   (8) because
    (9) rains   (10) what

3 (1) ②→⑤→①→③→④
    (2) ①→②→⑤→④→③
    (3) ④→②→①→③→⑤
    (4) ⑤→③→①→④→②

4 (1) You must not[mustn't] use this room.
    (2) Are you going to visit Okinawa next week?
    (3) I want to be a doctor.
    (4) I am[I'm] glad[happy] to hear the news.

解説

1 (3) 「〜しなければなりません」は have[has] to 〜で表す。主語が複数の Miho and her sister(ミホと妹)なので have が適する。has は主語が3人称単数 のときに使う。

2 (3) 「〜のやり方」は〈how to+動詞の原形〉 で表す。
    (8) 「〜ので…」と理由を述べるときには、 〈… because+主語+動詞 〜〉で表す。

3 (4) 「〜だと私は思います。」の「〜」に文を 置くときには、I think (that) 〜.で表す。

1 (1) tallest   (2) old as
    (3) of   (4) visited

2 (1) smaller   (2) better
    (3) most   (4) best
    (5) in   (6) are
    (7) was   (8) written
    (9) like   (10) to

3 (1) ①→③→②→④→⑤
    (2) ④→①→③→⑤→②
    (3) ①→②→③→⑤→④
    (4) ③→①→②→④→⑤

4 (1) Baseball is more popular than soccer in our country.
    (2) I can swim faster than my brother.
    (3) Japan is not[isn't] as large as Australia.
    (4) We call him Nicky.

解説

1 (4) 「(人)によって〜されています」は〈am/ is/are+過去分詞+by+人〉の受け身の 形で表す。したがって、visitの過去分詞 (visited)が適する。

2 (4) 「〜がいちばん好きです」はlike 〜 (the) bestで表す。
    (10) 「(もの)を(人)にあげる」は〈give+人+ もの〉か〈give+もの+to+人〉の形で表 す。「人」の前にtoではなくforがくる動詞 もあるので区別できるようにしよう (→p.130)。

3 (2) 「〜の○倍の…」は〈倍数+as … as 〜〉の形で表す。「2倍」はtwiceを使う。

1 (1) watched (2) Have
(3) did (4) How long

2 (1) once (2) haven't
(3) have (4) already
(5) waiting (6) playing
(7) taken

3 (1) ④→①→③→②→⑤
(2) ④→①→③→②→⑤
(3) ⑤→③→④→②→①
(4) ①→④→②→③→⑤
(5) ③→①→④→②→⑤
(6) ③→①→④→②→⑤

4 (1) I have[I've] been to London twice.
(2) I met[saw] Mary yesterday.
(3) They have[They've] lived in Tokyo since 2020.
(4) It is[It's] interesting for me to read books[a book].

解説

1 (4) 「いつから〜」は「継続」の期間をたずねて「どのくらい長く」の意味を表すHow longが適する。

2 (7) by my grandfather(私の祖父によって)に着目して、「撮られた写真」になるように、take(〜をとる)の過去分詞takenを入れる。

3 (3) 「(人)に〜するように言う」は〈tell+人+to+動詞の原形〉の形で表す。toldはtellの過去形。
(6) 「私たちが訪れたい国」は「国(the country)」を〈主語(we)+動詞(want)〜〉がうしろから修飾する形をとる。

1 (1) who (2) which
(3) were (4) aren't
(5) made

2 (1) has (2) would
(3) is (4) didn't
(5) Sorry (6) show
(7) Yes (8) hope

3 (1) ①→⑤→②→④→③
(2) ③→①→⑤→②→④
(3) ①→④→②→⑤→③
(4) ④→②→③→①→⑤
(5) ③→①→⑤→②→④

4 (1) I wish I had a lot of money.
(2) Can[Will] you help me?
(3) You play baseball, don't you?
(4) I know what Jane likes.

解説

1 (3) 「私が〜ならばなあ。」は仮定法を使ってI wish I were 〜.で表す。この文の形は、主語がIでも、ふつうbe動詞はwereを使う。

2 (3) 条件を表すif 〜の中では、未来のことも現在形を使って表すのでisを入れる。
(7) 否定の付加疑問文に答えるとき、日本語で「いいえ。」と表されていても、No, he is. のようにはしない。うしろがhe isで肯定の答えなのでYes, he is.となる。

3 (2) 「母が大好きなケーキ」は「ケーキ(some cake)」のうしろに関係代名詞(which)を置いて、「母が大好きな(my mother loves)」をつづける。

note

◯✕だけで8割ねらえる中学英語

まる　ばつ

編集協力	敦賀亜希子, 小縣宏行
	甲野藤文宏, 佐藤美穂, 土屋匡代
	三代和彦, Joseph Tabolt
イラスト	柏原昇店
デザイン	高橋コウイチ(WF)
DTP	(株)センターメディア

©Gakken

本書に関するアンケートにご協力ください。

上のコードかURLからアクセスし、以下のアンケート番号を入力してご回答ください。当事業部に届いたものの中から抽選で年間200名様に、「図書カードネットギフト」500円分をプレゼントいたします。

※アンケートは予告なく終了する場合があります。あらかじめご了承ください。

https://ieben.gakken.jp/qr/marubatsu/

アンケート番号　305709